AF493998

NOUVELLE

RÉPUBLIQUE.

NOUVELLE
RÉPUBLIQUE

SUIVIE DE

CONSIDÉRATIONS SUR NAPOLÉON BONAPARTE;

PAR

LAURENT LAVILLE

CULTIVATEUR A GAILLAC (TARN).

PARIS

IMPRIMERIE BONAVENTURE ET DUCESSOIS,

55, quai des Grands-Augustins, 55.

1848

AVIS.

Composé depuis quelque temps, ce petit ouvrage avait été laissé plusieurs années dans l'oubli ; des amis, auxquels je l'ai fait voir, m'ont conseillé de le soumettre au public. On y trouvera sans doute des incorrections, mais il suffit que ma pensée soit comprise ; je ne me donne point pour un écrivain bien au courant des règles de l'art.

J'ai fait prendre naissance à ma *Nouvelle République* dans la Turquie, pays qui n'en a guère idée ; j'ai fait conquérir aux républicains turcs plusieurs nations qui n'en ont pas entendu parler ; mais, si le cadre est bon, il importe peu que tout y soit supposé.

J'admets une taxe aux fortunes, et sur cela quelques-uns pourraient me dire *communiste*, ce mot étant assez à la mode aujourd'hui. Cependant, je prétends, tout au contraire, que le communisme ne saurait exister, car il supposerait dans les hommes plus de vertu qu'ils ne peuvent en avoir. Si l'homme a besoin d'un frein pour contraindre un accaparement déréglé et préjudiciable à la société, il a aussi besoin de quelque chose qui l'excite et l'encourage dans toutes les productions utiles. Une constitution qui n'aurait d'autre excitant que le travail dans un but commun est trop au-dessus des forces humaines. Il faudrait une vertu héroïque dont la trop grande partie des hommes n'est pas capable. Un excitant est donc nécessaire pour donner à l'homme de l'énergie, et pour lui faire prendre goût et plaisir au travail; cet excitant se trouve dans la propriété : celui qui fait bien fructifier son champ, ou qui travaille à quelque autre production utile, travaille aussi pour la société, et le bien général dérive ainsi d'un travail qui semble n'avoir pour but que le bien particulier.

Je ne chercherai pas à justifier mon ouvrage par des discours qui n'en changeraient pas la nature; d'ailleurs je ne l'ai pas écrit pour ceux qui aiment à mordre. En équivoquant sur toutes choses on peut faire dériver le bien et le mal d'où l'on veut, et les sens détournés sont faciles à trouver. Ce n'est donc pas à des critiques prévenus que j'adresse mon livre, mais seulement aux francs républicains, c'est-à-dire à ceux qui comprennent, sentent et pratiquent la FRATERNITÉ; c'est aux hommes pénétrés de ce contraste exorbitant qui laisse les uns sans pain et couverts de misérables haillons, tandis que les vaines somptuosités des autres suffiraient pour nourrir grassement un grand nombre de malheureux ; c'est à ceux qui conçoivent que, sans un rapprochement dans ces deux extrêmes, il n'y aura jamais de véritable fraternité.

Mais, dira-t-on, l'économie, le labeur, l'industrie, mènent à une fortune justement acquise ; sans doute, et une noble aisance doit être le prix de la vertu, tandis que le fainéant, le débauché, le libertin, méritent de croupir dans la misère, suite inévitable de leurs vices. Cependant, la fortune, même justement acquise, devient vice quand elle est outrée ; elle a besoin d'un frein pour ne pas devenir trop pesante en s'accumulant. Il faut que les vicieux, s'ils s'animent d'une noble émulation pour sortir de l'ordure du vice, trouvent quelque élan pour se réhabiliter, et que les enfants vertueux et laborieux aient la facilité de sortir de la boue où les auraient précipités leurs pères : cette facilité se trouvera dans l'absence des grandes et inutiles somptuosités.

Quelques-uns, j'en suis très-persuadé, rejetteront mes principes, non pas ceux qui aiment véritablement leurs frères, mais ceux qui trouveraient un grand mal à ne pas dépenser vingt, trente, cent mille francs, etc., tandis que l'aspect d'un nombre infini de misérables manquant de tout leur semble fort naturel.

Si, dans cette ébauche, je n'ai pas réuni les éléments de l'union, de la fraternité, et par conséquent de l'amélioration sociale, que d'autres plus éclairés et plus capables que moi y travaillent ; qu'ils cherchent et trouvent le véritable but. Personne plus que moi n'applaudira des découvertes destinées à donner des bases inébranlables aux principes de la justice et au bonheur de l'humanité.

NOUVELLE

RÉPUBLIQUE.

I

Idée générale de l'ouvrage. Lettre d'Erdam aux conjurés.

Il y a quelque temps que l'on m'a demandé un précis historique sur le Gouvernement nommé *Nouvelle République*. J'ai dirigé mes recherches sur les faits qui m'ont paru les plus remarquables; heureux si mes soins peuvent obtenir l'approbation des gens de bien.

Je dois avant tout faire connaître l'origine de ce Gouvernement, sa constitution, et ses résultats. Voici comment la révolution prit naissance : Quelques individus irrités contre les fortunes colossales et les lois qui les protègent, s'étant communiqués leurs sentiments, formèrent le dessein de les abattre, et avec elles tant d'injustices, dont elles sont la cause.

Le projet de changer en partie la face de la terre paraît hardi; mais que ne peut l'homme animé d'une ardeur qui lui fait compter pour rien toutes sortes de souffrances? Loin de se rebuter, la vie même lui devient à charge s'il n'atteint le but qu'il se propose. Les conjurés trouvèrent qu'il serait urgent d'aller voyager dans l'empire pour bien apprécier l'esprit du peuple, et mieux connaître l'énormité du despotisme : quelques-uns y furent, et voici une lettre qu'Erdam, l'un des principaux d'entre eux, écrivit à ses collègues.

« Il faut voyager, chers amis, pour bien apprécier les difformités des sociétés humaines : les lois qui devraient être le soutien des faibles et rendre les hommes égaux, ne servent, au contraire, qu'à écraser la majeure partie d'entre eux. Peut-on voir, dans une société, tant de ces malheureux qui, accablés de pénibles travaux, sont obligés de se priver d'une partie des aliments les plus grossiers, sans reconnaître le vice des lois qui la constitue, tandis que tant d'autres regorgent d'abondance! J'ai voyagé dans quelques pays de l'ancienne Grèce, et mon cœur a été navré de douleur à la vue de tant de misérables. Quoi, me disais-je! ces individus que j'aperçois courbés sous le faix du travail, les vêtements en lambeaux, ne sont-ce pas des hommes? et cet autre que je vois debout, magnifiquement vêtu, l'air fier et dédaigneux, est-il plus qu'un homme? Grand Dieu! avec quelle arrogance il traite ces malheureux esclaves! comment, à l'approche d'un seul, tant d'hommes tremblent-ils? qu'avaient-ils fait? rien; ce n'était que la crainte d'être chassés et privés d'un travail qui leur donnait un peu de ce mauvais pain que les chiens mangeraient à peine. Voilà, mes amis, les fruits des grandes fortunes. Un seul riche contre cent esclaves, plus ou moins, selon la multitude des terres ou revenus qu'il possède.

« Jamais la liberté n'existera au milieu d'une si grande inégalité de fortunes; jamais il n'y aura d'union dans les sociétés. Quoi, une partie s'arrogera pouvoir et bénéfice; et l'autre, condamnée à servir, n'osera pas même murmurer! Quelle honte pour l'espèce humaine! à quel point elle est avilie! Une partie travaille sans relâche, et force la terre à produire des aliments : ces aliments obtenus, l'autre partie vient et exige qu'on les épure, qu'on choisisse les meilleurs; les plus doux, les plus délicieux sont dévorés, il s'en perd beaucoup par suite de l'excès; et aux malheureux reste l'écorce pour prix de leurs peines; la partie de la société qui produit tout est exclue du droit d'en jouir.

« Pour bien connaître, chers amis, si les lois qui régissent une nation sont bonnes, il faut examiner si elles sont conformes au but de la nature. Qu'ont entendu les hommes dès l'origine des sociétés? Il est naturel de penser qu'en se réunissant ils espéraient rencontrer des avantages réciproques; sans cela tout aurait été bouleversé, le fort aurait brisé le faible; le faible, par la ruse, aurait pu reprendre ses avantages; en somme, le désordre aurait été affreux : c'était donc pour le bien commun qu'avait lieu cette union. Que penser, chers amis, de leur premier pacte? peut-on croire qu'ils se dirent : Je serai ton maître, et tu seras mon esclave; tu apporteras à mes pieds les fruits de tes peines, et je daignerai les recevoir. Non, non de si monstrueuses conventions n'entrèrent point dans les idées de nos premiers pères; ils ne songèrent qu'à la liberté et à l'égalité. Tout, parmi eux, sans qu'ils eussent besoin d'en convenir, devait tendre aux avantages de chacun.

« Si dans la suite l'on vit, dans les sociétés, la tendance au bien public s'affaiblir, c'est qu'un usurpateur y portait ses ravages; dans tous les temps les traîtres sont communs; et souvent aussi le peuple les a brisés en redemandant ses droits.

« Oh! qu'il a dégénéré, ce peuple qui jadis marchait l'égal des rois! dans quel avilissement se voit-il réduit! le mal qui l'oppresse semble lui faire oublier s'il a droit d'être admis au rang des hommes; sa longue maladie semble lui avoir ôté l'espoir de tout remède; il semble croire qu'il n'y en a point pour lui.

« O justice! ne te verra-t-on jamais parmi les hommes! ô toi, grand législateur de ces contrées, renais, revis, redonne-nous tes divines lois fondées par la justice, viens épurer notre siècle corrompu! Mais non, les plaies sont trop profondes, l'infection du crime empoisonnerait la vertu des plus sains remèdes, et tout est désormais sans espoir. »

II

Réponse d'Erval à la lettre d'Erdam.

Voici la réponse d'Erval, autre chef de la conspiration :

« Tous nos amis ont lu ta lettre avec beaucoup d'attention. Nous connaissions déjà, cher Erdam, l'esprit qui t'anime, et tes nobles sentiments; on aime à retrouver en toi cet amour pour la justice, cette haine, cette horreur contre les vices de l'état social. Mais ne dis plus que tout est sans espoir, il ne faut que du courage, cher ami, et la justice reprendra ses droits. Si l'on voit tant d'horreurs dans les lois des nations, c'est que le crime veille, tandis que la vertu est toujours trop nonchalante : il faut plus faire que gémir; il faut agir, Erdam; notre faiblesse fait la force des tyrans. Que craindre quand on travaille pour le bien de la société? Animons-nous d'un vrai zèle; délivrons nos concitoyens de l'horrible esclavage; délivrons cette foule d'individus qui fait honte à l'espèce humaine, et qui pourtant devrait être la partie la plus honorée puisqu'elle est la plus utile. Travaillons à nous donner des lois qui nous égalisent autant que possible : travaillons au grand ouvrage de la société, et ne craignons rien. Les tyrans, avec toutes leurs forces, nous paraissent formidables; la grandeur de ces colosses nous effraye, et cependant ils ne sont rien de plus que ces édifices mal assis sur leurs fondements : ils s'écroulent au moindre choc ; la puissance des tyrans, n'ayant point la justice pour base, tombera au premier souffle.

« Le peuple, je le sais, a l'habitude du joug, il le porte depuis si longtemps ! mais il n'en nourrit pas moins une haine secrète contre ceux qui l'oppriment. Le peuple semble préférer le poids de ses chaînes à un effort de courage pour les secouer ; mais interroge un homme du peuple en particulier, sur ce qu'il pense des extrémités de l'opulence et de la misère : pour peu qu'il ait le sens commun et ne craigne pas de te dire son avis, tu verras que s'il souffre tant d'ignominies, c'est que, seul, il se trouve trop faible. Nous tous que frappe la vérité, qu'étions-nous avant notre réunion ? Nous avions quelques idées faibles et sans vigueur ; ainsi que la chaleur naît de la concentration des substances, ainsi de l'esprit du peuple réuni sortira un feu capable d'épurer toutes les immondices du crime.

« Reviens, cher ami, reviens avec ceux qui se sont nourris des mêmes sentiments que toi ; nous t'attendons pour délibérer sur la manière de faire sentir au peuple ce qu'il est et ce qu'il devrait être ; nous connaissons sa juste haine contre les ravisseurs de ses biens et de sa liberté. Il est bon de toucher ses plaies mal cicatrisées pour mieux lui faire sentir la source de son mal ; il faut apprendre au peuple que, pour cette maladie qui lui paraît incurable, le remède est en lui seul et qu'il n'a qu'à vouloir. »

III

Situation du peuple.

On a pu voir, par ces lettres, quel esprit animait les conjurés ; mais cet esprit avait besoin d'être transmis au peuple. Pour y parvenir on fit imprimer des écrits capables de réveiller ce sentiment de noblesse, premier mobile des sociétés humaines que porte l'homme au fond de son cœur ; ce sentiment qui lui dit : Tu es mon soutien, je dois être le tien, et je ferai pour toi ce que tu dois faire pour moi.

Enfin le peuple, à ces traits si vifs et si frappants, reconnaît le tableau de la société ; ses sensations sont engourdies, il semble refuser la clarté qui le frappe ; comme un prisonnier longtemps privé de la lumière du jour, au moment où elle lui apparaît prompte et vive, elle lui fait refermer ses paupières ; peu à peu cependant ses yeux s'y accoutument, et la lumière lui devient agréable. Ainsi le peuple, étonné d'abord, commence peu à peu à se connaître, et puis jette un regard assuré sur la lumière qui s'offre à lui. Il lit dans ce brillant tableau, il voit la société des hommes, il la parcourt d'une extrémité à l'autre, et rougit de honte en se considérant dans un coin obscur, objet du mépris où l'a placé l'injustice, et sans espoir d'être délivré des vexations d'une foule de tyrans, tyrannisés eux-mêmes.

Enfin sa vue s'arrête sur toutes les conditions, et il aperçoit l'audace, l'hypocrisie, la cabale et la fourberie formant les échelons par lesquels le plus souvent l'on monte à toutes sortes de grades. Après avoir examiné puis bien détaillé ce tableau et reconnu la monstruosité de la société et les abominations qui s'y commettent, quelquefois même sous forme de justice, il arrive au sommet et voit la source de ces misères; il aperçoit la gueule énorme qui vomit le poison et dont la source, entretenue par la flatterie, le mensonge et la crainte, ne tarit jamais; ce venin empoisonné, qui en sort à grands flots, va se répandre dans tout le corps de la société et en infecte jusqu'aux plus petits membres.

« Oui, dit-il, c'est là le grand réservoir d'où partent les grands vices, c'est là la source et le soutien des déréglements de la société; c'est dans les cours des princes que naissent et se fortifient tous les excès qui dégradent les nations : de là ces faux airs de grandeur qui font que les uns se croient tout et que les autres ne sont rien; de là cette magnificence déplacée, ce faux éclat qu'on veut nous faire adorer et auquel on ne doit que mépris, car c'est le fruit de l'usurpation; de là ce dédain et cette dureté dont on accable les malheureux toujours servilement traités.

Enfin, si en partant du monarque, de rang en rang, on court après les apparences du bonheur, on imite aussi les mauvais traitements autorisés par la fausse grandeur.

Ainsi le peuple est le point de mire sur lequel fondent les ignominies et les abominations de toute espèce et à tous les degrés; c'est comme un torrent qui du haut des monts se précipite dans la plaine.

IV

Résultat de cette situation.

Enfin le peuple a vu clairement sa condition; il s'écrie avec fureur: Pourquoi laisser si haut ces hommes, dont la grandeur nous effraie et le poids nous écrase! qu'ils s'écroulent, qu'ils tombent, qu'ils soient mis à notre niveau! Ne reconnaissons que les lois de la liberté et de l'égalité; tombez, idoles qu'on craint, qu'on hait et qu'on encense. A ces cris l'empereur frémit; il donne des ordres sévères pour faire arrêter et punir les coupables, il promet de grandes récompenses à quiconque pourra lui en livrer quelqu'un. On ne néglige rien; tout est mis en œuvre pour arrêter les effets de la révolution.

Mais les écrits des conjurés, si frappants et si bien faits pour éclairer le peuple sur ses droits, étaient en même temps, par des mains secrètes, semés dans tout l'empire : les troupes même en prenaient connaissance, tout semblait attendre le moment de sa délivrance.

Enfin au peuple soulevé l'on oppose des soldats à qui l'on a promis de gros salaires; mais malgré ces grandes promesses une partie se refuse d'obéir; quelques lâches, et ceux que la cupidité domine, firent de faibles efforts; mais que peuvent des esclaves contre ceux qu'anime l'espoir de la liberté et de l'égalité? ce sont des lions à qui rien ne résiste. Chez de pareils hommes la valeur et le courage dépasse toute expression. Bientôt l'empereur est chassé, les tyrans dispersés, et l'on crie : La nation est libre.

Le peuple, cependant, poussé par un furieux élan, semble encore ne respirer que vengeance contre ceux qui l'avaient si longtemps opprimé ; et sans la vigilance et les sages précautions des conjurés, cette révolution allait comme tant d'autres se porter à de grands excès.

Mais l'homme a besoin d'un frein, sa liberté en dépend. Tout acte arbitraire est illicite. Les auteurs de la révolution savaient bien que la justice sociale n'admettait point la licence ; aussi des mesures furent prises pour qu'aucun mal ne se fît sans l'intervention de la justice. Cependant il était bien difficile de retenir tout d'un trait un peuple colère et irrité, semblable au coursier entraîné par la vitesse de sa course; tout l'effort de la bride ne saurait contenir tout d'un coup.

Il y eut donc quelques vexations qui donnèrent prise au parti opposé pour décréditer les auteurs de la révolution.

V

Effet de la révolution ; lettre de Nosiard à Trivolin.

Le célèbre Nosiard, sage d'ailleurs, et ami d'une bonne constitution, dans ce moment de désordre écrivait à son ami Trivolin :

« Qu'aurons-nous gagné, cher ami, dans ce changement? Il est vrai, l'on chasse les tyrans, mais pour cela les tyrans ne seront pas moins nombreux et les vexations ne seront peut-être que plus atroces. C'est souvent le prix des révolutions. En effet quel autre but dirige le plus ordinairement les révolutionnaires que celui de remplacer ceux qu'ils chassent : la soif de commander, le désir des grandeurs, l'appât des richesses sont les plus puissants motifs qui les font marcher.

« Les chefs des révolutions ne manquent pas cependant de témoigner d'un grand désintéressement. Ce n'est, disent-ils, que pour le peuple qu'ils travaillent ; et le peuple qui n'a pas grand'chose à perdre, étant toujours assez mal partagé, croit facilement ce qu'il désire ; il les seconde de ses efforts ; il verse pour eux son sang ; et puis que lui en revient-il ? la honte, et le mépris de ceux qu'il a élevés.

« Si nous considérons les Grecs et les Romains et toutes les nations de la terre qui ont le plus versé de sang pour ce mot qu'on nomme liberté, nous trouvons toujours que les peuples sont la dupe des grands et ne servent que d'instrument à leur élévation et à leurs caprices.

« Tu me connais, cher ami, et tu ne doutes pas qu'un gouvernement basé sur l'égalité et la justice ne flattât mon envie ; j'aurais en effet vu avec plaisir tous les États se renverser, afin qu'un plus juste équilibre s'établît parmi les hommes ; mais je me suis désabusé, en considérant la puissance des préjugés et l'inconstance des hommes, qui ne savent ni ce qu'ils veulent ni ce qu'ils ne veulent pas. Alors je me suis dit : Le peuple est fait pour servir et le faible aura toujours tort.

« Mon cher ami, la liberté ne dépend guère des changements d'un maître. Les mœurs d'un peuple ne changent pas si vite que les chefs qui les gouvernent. Après avoir chassé, tué, massacré les tyrans du jour, ce même peuple croit avoir tout fait pour sa liberté, dans la chaleur de son exaltation, en criant : *Je suis libre.* Il court ensuite de lui-même au-devant du joug par l'habitude qu'il en a, et parce que le changement n'a fait quelquefois qu'alourdir ses chaînes, dans la chaleur de son enthousiasme il croit être libre quand on lui a dit qu'il l'était. C'est en se calmant qu'il s'aperçoit qu'il est au même point ou pire même qu'il ne se trouvait auparavant.

« Oui, le peuple, tout en abhorrant les chaînes qu'il porte, par l'habitude qu'il en a court s'en charger de lui-même; et de là, tu peux augurer que, quand même le dessein des chefs d'une révolution ne serait point coupable , il le devient parce que le peuple le veut. Je dis *le veut,* parce que l'habitude d'être esclave le porte à l'esclavage, et qu'il est difficile aux chefs d'un peuple servile de se priver d'esclaves volontaires; on fait bien quelques réformes, on change quelques mots dans les lois ou dans les usages, mais pour le fond, il reste à peu près le même ; il n'empêche jamais que le faible ne soit dupe, et toujours le sang se trouve versé par de vains désirs et de fausses spéculations.

« L'expérience de tous les âges ne prouve que trop la vérité de ceci. Quels étaient les hommes il y a trois mille ans? quels ont-ils été dans les siècles suivants jusqu'à nous? quels progrès voyons-nous dans la justice, cette vertu qu'on peint si belle, et qui l'est en effet, quand elle existe réellement. Après tant de révolutions, agit-elle avec plus de force que chez les anciens? On vantera peut-être la beauté de la civilisation. Oui, j'en conviens, elle a gagné ; elle a surtout appris à tromper plus poliment.

« Je voudrais de bon cœur, cher ami, que la justice fît des progrès parmi les hommns ; mais j'ai vu tant de trompeuses apparences que je m'en défie, et je crains vraiment qu'il en soit de cette révolution comme de tant d'autres, qu'elle laisse plus d'horreurs à décrire que d'éloges à réciter, et qu'elle fasse dire encore que le premier qui cherche à brouiller les affaires a toujours tort, parce qu'il cause un grand mal pour en empêcher un qui paraît inévitable.

« A en croire ceux qui ont à se plaindre, toujours il y aurait motif de révolte. La justice ne pouvant exister pleinement parmi les hommes, c'est un malheur qui se retrouve partout : tel se plaint aujourd'hui, de qui demain l'on aurait à se plaindre s'il occupait le poste qu'il discrédite ; dans ce cas, le mieux est de se livrer avec patience au torrent qui nous entraîne, et de souffrir un mal que nos efforts ne peuvent qu'irriter sans le guérir. »

VI

Réponse de Trivolin à la lettre de Nosiard.

« Je m'étonne, mon cher Nosiard, de t'entendre tenir un pareil langage : toi qui as parlé avec tant d'horreur contre le pouvoir tyrannique, tu sembles aujourd'hui blâmer ceux qui travaillent à le détruire. Tu crains, dis-tu, que les tyrans ne soient remplacés par des tyrans, et que le mal se soit fait à pure perte. Cependant, quand on connaît des hommes tels que Erdam, Erval et autres, il y a de quoi espérer une amélioration dans les affaires publiques. Fermes dans leurs résolutions, ils n'ont en vuè que le but qu'ils se sont proposé. Un désintéressement à toute épreuve assure que ce n'est pas l'appât du gain qui les anime : pour les vains titres, quel mépris de tout temps n'en ont-ils pas montré ! quelle force, quelle pénétration d'esprit, pour savoir démêler les causes dans leurs effets! Mais malgré leur dévouement sans bornes, tu pourrais m'alléguer que, quand même ceux qui dirigent aujourd'hui les affaires seraient des hommes parfaits, ils commandent à un peuple fantasque qui ne sait pas toujours bien apprécier le mérite; il peut se faire qu'il comble de ses faveurs un fat qui l'éblouira par des mots flatteurs et des largesses. C'est ainsi qu'on a vu les hommes les plus sages supplantés par des fous et des extravagants.

« Mais quand cela arriverait, le mal ne serait pas comme tu dis à pure perte ; la liberté, pour peu qu'elle se soit montrée dans un pays, laisse toujours dans les esprits un reste de levain qui arrive à l'état de fermentation. Oui, la liberté laisse derrière elle un parfum qui élève l'âme et donne à l'homme cette consistance qui toujours a fait l'effroi des tyrans.

« Enfin, cher ami, tant que l'homme s'agite, c'est une preuve qu'il sent son mal, et l'on peut encore espérer de lui ; mais un trop long assoupissement ressemble au sommeil de la mort.

« Combien de nations n'a-t-on pas vues et ne voit-on pas encore qui, pour n'avoir pas su ou osé faire quelques efforts, sont dans un tel engourdissement qu'il ne leur est plus possible d'en sortir à moins d'un miracle ; Nosiard, ne discréditons point ceux qui ont voulu nous préserver d'un tel malheur ; espérons, au contraire, que le feu de leur génie pénétrera dans les nations, et qu'il se trouvera toujours des amis de la justice pour marcher vers le but qu'ils ont su nous montrer.

« Je le sais, le sang versé te fait horreur, et en effet, c'est chose pitoyable, et nous devons des torrents de larmes à ces malheureux indignement mutilés pour avoir redemandé leurs droits ; mais quant au sang vil et méprisable des usurpateurs, il ne devrait point circuler dans les veines de la société puisqu'il en rompt les ressorts.

« Après tant de révolutions, dis-tu, les hommes ne sont pas plus sages. Cher ami, apprécions l'histoire, et nous verrons que le bonheur des peuples a varié selon les vues et les motifs de ceux qui les conduisaient, et que les hommes ont été plus ou moins sages selon qu'ils se sont écartés ou rapprochés du but dont la nature les a fait partir.

« Il n'en faut point douter, la marche des sociétés a suivi, dès son origine, l'ordre naturel; chacun se trouvant faible en particulier, sentit le besoin de s'unir, et par conséquent de se prêter un mutuel secours. Avec le temps, le besoin apprit aussi que pour les ennemis communs qu'ils avaient de combattre, soit les bêtes féroces, soit d'autres peuplades, l'ordre leur était nécessaire; et l'ordre s'établit.

« Les hommes n'étant pas tous égaux de force, de corps, ni d'esprit, n'étaient pas tous propres aux mêmes emplois; cependant chacun selon ses facultés pouvait être utile au corps de la société dont il était le membre; tel étant bon pour commander, tel autre pour obéir, il fallait des chefs et l'on choisit ceux que l'on croyait les plus capables et qui avaient montré le plus les talents propres aux emplois qu'on leur désignait; ceux qui étaient nommés n'étaient que les premiers entre leurs égaux. L'honneur d'avoir été choisis leur suffisait, et tout tournait au profit commun de la société. Les hommes, en s'unissant, sentaient le besoin qu'ils avaient l'un de l'autre. Celui qui, par son courage, par son génie rendait des services à la société, sentait bien que celui qui commande, celui qui dirige, livré à lui-même, n'est que faiblesse. Aussi, après ses grands services rendus, il n'exigeait rien au-dessus des moindres citoyens, et, par son courage et ses talents, il avait préservé ses concimoyens des fureurs d'un ennemi ; mais s'il n'eût pas été secondé, il en aurait lui-même été la proie, et, dans ce cas, ne devait-il pas son salut à ceux qui s'étaient associés à lui?

« Que celui qui a peu donne peu, que celui qui a beaucoup donne beaucoup ; chacun se doit tout entier à sa patrie; celui qui, en donnant peu donne tout, fait autant que celui qui, ayant beaucoup, donne beaucoup. Voilà la liberté fondée sur la justice, et l'égalité telle que nos pères l'avaient entendue, même sans se le dire. Voilà le but d'où ils sont partis. Mais malheureusement on les a vus successivement s'en écarter : oui, le malheur que les hommes avaient ressenti séparément leur fit trouver dès le premier abord le moyen de se donner des lois justes, ou plutôt ils firent des conventions que chacun sentait sans même se les expliquer; l'homme, en sortant des mains de la nature, ne sentait pas encore le besoin de régler les actions sociales par un tableau de lois expresses ; il lui suffisait de sentir la nécessité de donner son secours pour obtenir celui d'autrui. Pour jouir des avantages de la société, il sentait l'obligation de travailler pour elle; malheureusement les choses ne demeurèrent pas longtemps dans cette pureté primitive : ceux qui possédaient des facultés supérieures et qui se distinguaient par des faits éclatants attirèrent l'attention. De là, passant à l'admiration, et puis à l'enthousiasme, la reconnaissance outrée vint ensuite prodiguer des titres et des récompenses de toute espèce : la reconnaissance, vertu très-essentielle quand elle se renferme dans de justes proportions, devient un vice dangereux quand elle est désordonnée, et ce sont ses excès qui les premiers firent fermenter le germe tyrannique. La cause en est là, et cependant, tant ceux qui donnaient que ceux qui recevaient ne se doutaient pas que les excès en ce genre dussent un jour être si funestes à la société. Ces actes, répétés plusieurs fois, furent portés jusqu'au fanatisme ; les hommes en rampant firent apercevoir les premiers la haute taille de ceux qui les voyaient à leurs pieds.

« Ainsi, peu-à-peu le vice social s'accrédita. L'insolente fierté s'arrogea des droits sans les mériter. Ce fut après beaucoup de vexations et d'atrocités que le vice força pour ainsi dire la vertu d'éclore, et ce fut alors que plusieurs nations, éclairées par cette divine vertu et animées par elle, chassèrent les tyrans et voguèrent vers ce but qu'ils avaient abandonné ; plusieurs en approchèrent, mais le vice inquiet empêcha les nations les plus laborieuses d'y arriver ; cependant il y en eut qui, par la force de la vertu, se soutinrent longtemps à une certaine distance. Considère l'histoire et tu seras saisi d'admiration en voyant le courage de ces peuples qui, soigneux d'écarter le vice, s'approchent le plus de ce but précieux. Tu remarqueras que les nations qui jouissent de cet avantage possèdent aussi une plus grande source de bonheur. C'est là qu'on voit des hommes agir de concert pour le bien commun de la société ; c'est là qu'on admire cette noble fierté qui élève l'âme, même chez les plus simples citoyens.

« L'égalité, mère de l'union sociale, règne avec

eux; là, les hommes ne démentent point le nom qu'ils portent; mais à proportion qu'on s'en éloigne, cette noblesse d'âme s'évanouit, l'honneur qui doit être le mobile de toutes les actions humaines décline. Que voit-on dans ces malheureux que la vertu trop nonchalante et sans courage a laissés par l'arrogance du vice se précipiter aux antipodes du but naturel? que voit-on dans ces nations qui font la honte de l'humanité? des hommes stupides et lourds, conduits par des mains barbares et cruelles, qui les traitent comme des animaux d'une espèce à part. Là, accablés sous un joug terrible, la douleur qui les aigrit peut par moments les faire remuer, comme le bœuf piqué par l'aiguillon regimbe contre un mal auquel il ne sait ni ne peut se soustraire. Ainsi, l'homme dépourvu des qualités naturelles peut oser frémir dans les fers, mais ses souffrances ayant borné son intelligence, devenue comme stupide, elle ne lui offre aucun moyen de délivrance.

« Non, ne craignons point, cher ami, que la cause tourne mal, ayons au contraire une ferme confiance dans le succès; ne répétons pas ce que la crainte et la nonchalance inspirent à la multitude. Que pouvons-nous? disent-ils, rien; nous subissons notre sort.

« Voilà le langage ordinaire de la faiblesse et de l'ignorance; cependant chaque individu peut quelque chose, sinon dans les combats, au moins pour exciter au patriotisme. »

VII

Marche de la conjuration ; discours d'Erval et de Ménor ; lettre d'un Turc à un Marseillais.

Tandis qu'on discutait le pour et le contre sur les affaires du gouvernement, les chefs républicains travaillaient à affermir leur ouvrage ; l'empereur, forcé de quitter l'Europe, dut passer la mer et se retirer en Asie. Là, il espérait rassembler des forces pour reprendre son empire; les républicains en ayant été instruits, Erval parla au peuple en ces termes :

« Mes amis, à peine avez-vous commencé à sentir ce que c'est que la liberté, et l'on veut vous la ravir ; à peine avez-vous vu quelque étincelle de cette gloire qui vous attend, et l'on veut vous replonger dans un état de misère et d'opprobre. L'empereur cherche les moyens de vous remettre en servitude ; il vous menace déjà de ses vengeances comme des victimes qui ne lui peuvent échapper. Mais c'en est fait, son règne est passé ; s'il pouvait lire sur vos fronts l'indignation causée par son seul nom ; s'il pouvait connaître les sentiments qui vous animent et qui vous mettent autant au-dessus de lui qu'il s'est cru au-dessus de vous ; s'il pouvait apprécier ce que c'est qu'un peuple libre ; alors, changeant de dessein, il irait couvert de honte se cacher aux extrémités de la terre : vous n'êtes plus ces hommes naguère insouciants sur le choix d'un maître, qui le cédiez ou le repreniez comme chose étrangère ; vous sembliez alors peu jaloux de changer le poids de cette masse énorme que ses secousses vous rendait plus lourde encore. Aujourd'hui, vous êtes dégagés de cet affreux pouvoir qui vous retenait : vous êtes libres d'agir pour le bien commun de tous, et la seule idée que vous défendez vos droits vous anime et vous rend plus redoutables que l'empereur ne l'a jamais été avec toutes ses forces. Qu'il médite des projets de vengeance, qu'il fasse naître des partis, que ses vils adorateurs le flattent et l'entretiennent dans ses rêveries, il apprendra, mais trop tard, ce qu'est ce peuple, dégagé des liens de la servitude, en comparaison de vils esclaves ou d'hommes qui eux-mêmes rougiront de honte en vous connaissant, et qui, à votre exemple, secoueront cette idole dont le poids les accable. »

Ainsi, tandis qu'Erval entretenait dans l'armée cet élan et ce feu qui rend l'homme invincible, d'un autre côté, Erdam, Thilo, Ménor, Arcullus, etc., travaillaient dans la vue de joindre l'effet aux paroles.

« Oui, disait Ménor, la révolution n'a fait encore que du mal, il est temps qu'elle opère le bien ; profitons sans retard des moments favorables. Tandis que les ennemis de la liberté et de l'ordre social sont abattus et consternés, ôtons-leur tout moyen de redevenir les oppresseurs des humains, rendons au peuple ce qui lui est dû, qu'il jouisse des droits que la nature sociale a établis, et mettons un frein à toute usurpation. »

On assembla un conseil, où l'on délibéra, premièrement, sur la division territoriale de la République.

La Turquie européenne étant au pouvoir des républicains, ils la divisèrent de la manière suivante : chaque lieu carrée, ou environ, fut nommée localité. Cinq localités formaient le quinox, quatre quinox le quarrax, et cinq quarrax formaient le centenien, qui signifie cent localités ou communes. Cette division a quelque rapport à celle de la France ; c'est pourquoi Hérénoc, écrivant à ce sujet à un Marseillais, lui disait : « La division territoriale de la République turque semble être imitée de ce que firent les républicains en France lorsqu'on la divisa en départements, arrondissements, cantons et communes. On y voit presque le même enchaînement des pouvoirs se correspondant de l'un à l'autre jusqu'au lieu central. Il est bon quelquefois d'imiter ce que fit la République en France, mais fasse le ciel que nous n'allions pas trop loin, et que nous ne l'aidions pas à déshonnorer encore le nom de républicain. On ne parle qu'avec horreur des temps monstrueux de la République française, que dis-je ! république, la France l'a-t-elle jamais connue ? Il est vrai, on l'annonça au peuple français, on lui fit voir la beauté de son règne, en lui montrant le tableau de ses vertus ; on lui dit : C'est de la République que la liberté doit renaître ; c'est elle qui peut rendre à l'homme toute sa dignité ; c'est elle qui écarte cette audace tyrannique et qui brise cet orgueil qui traîne dans la fange tant de millions de malheureux ; c'est elle qui peut faire de la société des hommes un peuple de frères en leur donnant l'égalité.

Le peuple enterré dans la poussière, à ce bruit lève la tête et se croit déjà l'égal des rois ; mais il ne s'aperçoit pas que cette poussière dont il croit sortir lui offusque la vue et l'empêche de voir les traîtres, les scélérats qui l'entraînent d'abîme en abîme pour étouffer, avant que de naître, cette liberté première.

« On entraîna ainsi le peuple à toute sorte de désordres, et, dans sa profonde ignorance, il croyait travailler pour sa liberté, lorsqu'il forgeait les fers destinés à l'enchaîner et à creuser son tombeau. Oui, le peuple français fut le misérable jouet de la perfidie.

« Mais parce que des hommes pervers et dépravés, sous le nom de républicains, ont commis ou fait commettre par l'appât et la crainte toute sorte de cruautés, faudra-t-il que la vénération de ce nom en soit flétrie ? Quoi, parce que dans le même temps qu'on aura parlé des vertus républicaines, l'on aura substitué à sa place l'anarchie, la terreur et le despotisme, lorsque tour-à-tour ces malheureux gouvernements auront désolé la France, on dira que c'est la République ! Peut-on pousser plus loin la perfidie ! des hommes ou plutôt des monstres prendre le nom de républicain, c'est-à-dire le nom de la vertu la plus sublime, ce nom, ralliement et fondement de toutes les vertus humaines, ce nom sans lequel la vertu sociale n'est plus libre d'agir ; prendre pour masque un nom si saint, qui devrait être sacré parmi les nations, pour le déshonorer ! pour le mettre en horreur à toute la terre ! quelle abomination ! pourrait-on jamais exprimer l'horreur que doit causer un pareil crime !

« Ah ! si le mal qu'ils ont commis, ces perfides antropophages, n'avait duré que de leur temps ! mais leurs crimes ont souillé le nom de républicain ; peut-être faudra-t-il des siècles pour le relever dans les esprits : quel malheur, quel coup terrible ! à force d'infamies, faire préférer à tant de nations les horreurs de l'esclavage et de la plus vile servitude aux douceurs de la liberté, et à cette gaîté franche et fière que peut donner l'égalité !

« On me dira peut-être que je donne trop de valeur au nom républicain, puisqu'il se trouve des hommes vertueux qui abhorrent ce nom, tandis que des scélérats se veulent dire tels, je le sais ; mais la cause d'un pareil contraste est que l'on adopte trop à la légère et que l'on juge sans examen. Une société, par exemple, qui serait des mieux constituées, dans laquelle il faudrait tous les titres de justice et les vertus les plus sublimes pour être admis ; si quelqu'un de ses membres avait dépassé les règles, faudra-t-il que les bons principes qui la constituent en dépendent ! Aux criminels le mépris, et non à la Constitution, qui abhorre le crime !

« Oui, que chacun réfléchisse sur ce que l'on se doit mutuellement. Qui se sent animé par les vertus sociales, s'il pratique cette noble maxime, qui est dans la bouche de tout le monde, de vouloir faire à autrui ce qu'il voudrait qui lui fût fait, c'est dans la constitution républicaine qu'il se trouvera libre d'agir ; c'est là qu'il trouvera les éléments dignes de remplir le cœur d'un homme de bien ; là qu'il trouvera la source qui l'élèvera et le placera parfois au-dessus de son niveau.

« Lisez l'histoire, parcourez tous les siècles, et vous verrez que tout ce qu'il y a de sublime et de véritablement grand dans l'homme est émané des sentiments nés de la constitution républicaine ; s'il se trouve parfois dans les pays despotiques des personnages qui, afin de respirer un air plus libre, s'élèvent au-dessus de la corruption générale, leur grandeur d'âme ne vient pas de ce même sentiment, qui leur fait braver, aux dépens de leur repos et de leur vie même, les despotes et leur prétendue grandeur qui, aux yeux de la saine vertu, n'est qu'infection et crime. S'il se présente des anti-républicains qui aiment à remplir les devoirs d'un homme sociable, ils en ignorent au fond les vrais devoirs, ou bien c'est par faiblesse qu'ils n'osent s'avouer tels, ou sous le masque apparent d'une fausse vertu, ils possèdent cet orgueil et ce mépris qui leur fait voir dans leurs semblables des hommes de basse stature, qui doivent se trouver contents de ramper à leurs pieds.

« Quant à ceux qui se disent républicains et n'ont pour but que la rapacité, qui, parlant de liberté, ne demandent que licence ou liberté de nuire, qui, pourvu qu'ils puissent s'engraisser et assouvir leurs passions déréglées et leur voracité, comptent pour rien tout le mal qu'ils font ; ou bien d'autres qui, pleins d'envie, conçoivent une haine implacable contre ceux qui ont le droit de leur commander, qui toujours les nomment tyrans, et dont l'unique but est de les remplacer pour devenir plus tyrans qu'eux ; bien loin d'être des républicains comme Aristide, cédant son rang quand il le croyait utile au salut de sa patrie; bien loin de se sacrifier comme lui, ils sacrifieraient le monde entier à l'avarice, à la haine ou à l'ambition. De pareils personnages ne sauraient se dire républicains ; ils ne le sont qu'*à la Robespierre*, autrement à la mode des plus exécrables tyrans que l'enfer déchaîné puisse vomir dans sa colère.

« La Turquie aujourd'hui est une République naissante, mais il y a lieu de croire qu'elle n'aura pas les mêmes inconvénients que la France ; le désintéressement de nos chefs suffit pour le prouver. A la vérité, le règne de la liberté chancelle, un règne naissant étant presque toujours faible, surtout contre les tyrans. L'habitude qu'a le peuple du joug les rend forts et terribles; mais en supportant quelques échecs nous jouirons, avec le secours des illustres citoyens qui se sont dévoués et qui se dévouent au service de la patrie, de la liberté fondée sur la justice, et notre gouvernement, bien loin d'être en butte aux horreurs qui affligèrent la France, sera honoré, respecté et chéri, et peut-être, avec le temps, imité du monde entier. »

VIII

Partage absolu des terres rejeté.

Après que l'on eut divisé la République, comme on l'a vu plus haut, il fut question d'un partage des terres ; on discuta quelque temps dans le conseil sur la division des fortunes : les uns voulaient le partage égal, Jordatus était de cet avis. « Que chacun, disait-il, selon ses facultés, travaille pour le bien de la société ; que la loi répande sur tous également ses bienfaits, comme un père sur ses enfants. » Mais la majorité fut d'un avis contraire; non-seulement l'on trouva qu'il y avait de graves inconvénients à une égalité parfaite, mais encore que la chose n'était pas possible, « Si l'on pouvait supposer des hommes parfaits, disait Chilo, la juste égalité irait d'elle-même; mais comme au contraire l'on ne peut ignorer que le vice règne fortement parmi les hommes, il s'agit plutôt de modérer les fortunes, de les régler, et il faut plutôt un frein à l'insatiable cupidité que tenter un essai qui échouerait de lui-même : en tout, l'extrême est toujours nuisible; l'égalité absolue des fortunes ne saurait exister ; mais quand elle pourrait avoir lieu, on ne devrait pas la tenter, parce que le vice serait protégé et la vertu sans récompense; cherchons plutôt un moyen pour inspirer une noble émulation ; mettons un taux aux fortunes, et donnons à tout individu pauvre et sage la faculté de parvenir selon son mérite aux richesses et aux dignités. Oui, que la liberté individuelle soit restreinte là où elle arrête la liberté générale. Une liberté sans bornes n'est point sociable, il faut donner pour recevoir. Je ne puis être libre de frapper autrui, puisque je ne veux pas qu'on soit libre de me frapper. C'est de ce principe que nous devons partir, comme du principe de la nature sociale ; ce principe enchaîne la force et la donne. Par suite, le droit du plus fort n'existe plus que dans la loi, produit de la justice. Il est bien reconnu que le grand nombre des esclaves, des âmes vénales et rampantes, naît de la liberté, laissée à chacun, d'accumulation de richesses sur richesses. En faisant des esclaves volontaires, les grandes fortunes forcent les autres à le devenir; cette liberté ne peut donc exister au détriment d'une grande partie des membres de la société, et doit, en conséquence, être réprimée. »

L'avis de Chilo l'emporta, et l'on rendit à cet effet des lois établissant :

1° Que tout célibataire homme ne pourrait posséder au-dessus de soixante arpents de terre, et tout célibataire femme quarante; c'est ce qu'on nomma *plénitude*. Unis par le mariage, l'homme et la femme pouvaient en posséder cent.

2° Que les pères et mères ne pourraient, sous aucun prétexte, dépasser la plénitude; à la majorité de leurs enfants, eux ou leurs enfants majeurs pouvaient recevoir des terres d'un donataire, ou en acheter.

3° Que les grands propriétaires devraient se soumettre à la loi nouvelle, mais auraient l'avantage de choisir dans leurs terres la plénitude toujours de quarante ou soixante arpents, selon le sexe, où bon leur semblerait.

4° Il fut arrêté qu'au-delà des degrés de cousin-germain, d'oncle et de neveu, l'on n'hériterait plus par droit de parenté; les biens de ceux qui mourraient intestats au-dessous de ces degrés entreraient en entier dans la masse générale.

En effet, dans chaque *quinox* il devait y avoir une masse générale pour recevoir les terres excédant des grandes fortunes et provenant des déshérences prévues par la loi. De cette masse, les trois quarts servaient à fournir des lots de trois arpents, et les individus reconnus les plus pauvres, et auxquels leur profession ne donnerait pas facilement à vivre, étaient inscrits pour les tirer au sort ; les gagnants recevaient un lot quitte de tous frais. Le quart restant servait pour fournir de travail lorsqu'il en était besoin, et en même temps à perfectionner l'agriculture par des essais dont le gouvernement ferait les avances. Le temps ne permettant pas encore aux chefs des républicains de donner un tableau de lois bien étendu, après cette ébauche l'on convoqua une assemblée du peuple, et Niort, la leur montrant, s'exprima ainsi :

« Voilà les effets de la révolution : non-seulement vous allez recevoir des terres, mais encore vous n'aurez plus le dégoût de voir des hommes à un degré que vous n'osiez regarder ; nous rapprochons les distances ; elles ne seront pas si grandes que vous ne puissiez aller à eux, ni qu'eux ne soient susceptibles d'avoir à descendre pour venir à vous. Voilà, chers citoyens, le traité que nous avons fait au nom de vous tous ; il va faire crouler l'orgueil et le dédain ; ces vallées, que la haine et le dépit consument, vont être arrosées des eaux salutaires de la bienveillance.

« Oui, chers citoyens, les conditions vont se confondre, on va resserrer les liens de l'union et jouir de la fraternité sociale sans laquelle le titre d'humanité n'est qu'une chimère. Que la loi vous donne des terres, ce n'est pas encore le plus grand de tous les biens qu'elle vous fait; elle vous donne aussi la liberté, d'où naîtra cette noble fierté, et l'espoir, moyennant la sagesse et la vertu, de parvenir facilement aux dignités et à la fortune. Le but de la *plénitude* n'est pas si haut, les routes pour y conduire ne sont par si escarpées, que tout citoyen ne puisse y prétendre sans témérité. »

IX

Opposition du prêtre Elménius; défaite des conjurés.

Le peuple, animé par des promesses qui le flattaient sur tous les points, témoignait une grande ardeur et une vive impatience de voir accomplir ses désirs, c'est-à-dire le partage des terres. Les conjurés, voyant le peuple en bonne disposition, crurent que le mieux à faire était ensuite de taxer les fortunes. Quoique les esprits leur parussent bien disposés, ils essuyèrent pourtant quelques difficultés. Ils commençaient la division des terres, lorsque les seigneurs et grands propriétaires se liguèrent avec les ministres de la religion. Leur réunion aurait été peu à craindre, s'ils n'avaient profité de la superstition et de l'ignorance. Enfin, comme ils travaillaient à cette grande œuvre, Elménius, grand-prêtre, parut à la tête d'une ligue formée de grands, de prêtres, et de quelques vassaux soudoyés pour opposer résistance. Les conjurés excitent le peuple en armes à repousser et punir les usurpateurs de la liberté. Mais alors, de sa puissante voix, Elménius rappelle au peuple les anciennes maximes qui lui ont été inculquées dès l'enfance ; il lui reproche, au nom de Dieu, son infidélité à l'empereur, et par conséquent au prophète Mahomet lui-même. Il fit parler son Dieu avec tant de force et de hardiesse, que le peuple sent tout-à-coup refroidir son courage ; tout tremble devant Elménius, quoiqu'il frappât plus par le bruit de sa voix tonnante que par la force de ses raisons. Les plus hardis chancellent, plusieurs abandonnent les conjurés, et se rangent du côté du grand-prêtre, craignant la foudre de leur dieu. Les chefs des républicains encouragent ceux qui leur restent fidèles ; on en vient aux mains de part et d'autre ; il se fit un grand carnage.

Enfin la voix du grand-prêtre, le feu qui semblait sortir de ses yeux et de ses narines parut si extraordinaire, qu'il fut regardé comme un prodige ; on cria : Miracle! Mahomet est descendu du haut de sa gloire! Il y en eut même (frappés par la superstition) qui assurèrent avoir vu le Prophète fendre les nues et descendre sur Elménius ; les esprits étaient si troublés, que les plus intrépides n'avaient plus le même courage ; il y eut même des conjurés qui se reprochèrent par la suite d'avoir éprouvé momentanément des sentiments d'effroi.

X

Retraite des conjurés; discours d'Erdam : ses suites; mort d'Elménius; nouveau combat.

Enfin Elménius eut l'avantage ; le parti républicain fut forcé de plier, et ses débris se réfugièrent dans un faubourg séparé de la ville par une petite rivière. De là, deux conjurés, Drocart et Verdelmus, partirent au plus vite pour aller chercher du renfort dans les villes voisines. Ils voulaient surtout prévenir le parti du grand-prêtre, car le bruit de sa victoire pouvait devenir plus funeste que la victoire elle-même. Tandis que Drocart et Verdelmus cherchaient de nouvelles forces, Erdam s'efforçait de ranimer le courage des révoltés.

« Chers citoyens, disait-il, j'ai vu trembler votre valeur mal assurée; je ne viens point vous en faire un reproche, au contraire, je vous loue d'avoir eu assez de fermeté pour ne pas imiter vos malheureux frères, ceux qui, comme vous, avaient dit ne voir qu'avec horreur les ennemis de la liberté; un seul mot les a fait trembler, ils ont plié au moindre souffle, et sont devenus les meurtriers de ceux auxquels ils venaient de jurer fraternité sur l'autel de la justice. Je ne prononcerai pas les noms d'horreur qu'ils méritent, le juste ciel punira leur crime, il punira les prévaricateurs de sa divine loi. Si le courage a chancelé chez plusieurs d'entre vous, je ne m'en étonne pas, je sais quelle est l'influence d'Elménius sur des cœurs préparés dès l'enfance; si l'imposteur a su au nom de Dieu vous inspirer la crainte et la terreur, c'est que vous êtes habitués dès longtemps aux préjugés qui vous soumettent au joug de leurs passions. Les hommages qu'on vous demande, l'avilissement dans lequel on voudrait vous retenir au nom de Dieu, ont imprimé dans vos cœurs des maximes soi-disant inattaquables ; s'y soustraire vous semble un crime.

« On vous parle de Dieu on, veut vous faire trembler en son nom, tandis qu'on éloigne de vous toute connaissance des vrais attributs de la Divinité. Dieu est juste, et ce n'est qu'en l'imitant qu'on peut lui rendre hommage; il est père de tous les hommes, et en bon père, tous ses enfants lui sont également chers. Dieu fit l'homme pour la société en lui donnant la raison pour guide, et par conséquent la justice doit être le principe fondamental de toute société humaine. Eh bien! chers citoyens, soumettez-vous à cette même justice, seul flambeau des nations; soyez éclairés par elle; considérez d'abord la société des hommes, dont une partie semble être un vil rebut de la terre, croupissant dans la fange; voyez ensuite l'autre, dont l'arrogance insulte et maltraite ces malheureux, qui servent d'instrument à sa vanité et à ses caprices. Eh bien! mes amis, reconnaissez-vous là la justice d'un Dieu qui porte la balance? Ah! plutôt, vous y voyez toutes les horreurs du crime, et c'est de quoi je vous vois frémir. Oui, que tout homme tremble au nom d'un Dieu juste, il ne peut y en avoir d'autre! malheur à qui veut lui ravir ses attributs.

La justice est fille de Dieu, y manquer, voilà ce qu'on doit craindre ; mais trembler au nom de ceux qui dégradent l'homme, qui l'avilissent, quelle honte ! quelle ignominie ! O grand Dieu ! éclaire, pénètre le peuple de ta justice, afin qu' il renverse ceux dont l'attentat est de ravir un encens qui n'est dû qu'à la Divinité.

Dès qu'Erdam eut parlé, un certain bourdonnement se fit entendre. Telle l'étincelle de feu, lancée parmi des matières combustibles, brûle et enflamme avec elle tout ce qui l'environne : les républicains par ce discours se réchauffent l'un l'autre, le sang bouillonne dans leurs veines, ils se reprochent comme un crime de ne l'avoir pas versé, plutôt que de fuir devant des tyrans; ils demandent le combat à leur général, ils disent vouloir laver leur honte dans le sang du séducteur et de ses partisans; ils poussent des cris de vengeance, ils sont furieux, ils rugissent comme des lions ; en sorte que le général eut beaucoup de peine à contenir des hommes qu'il avait lui-même irrités; cependant sa prudence l'empêcha d'y consentir ; il leur représenta la nécessité d'attendre de nouveaux renforts. « Je ne crains pas plus la mort que vous, leur dit-il, mais je crains le triomphe des tyrans : encore un moment et ils sont à nous. »

Si les républicains s'étaient donné du mouvement pour raffermir et augmenter leurs forces, Elménius et ceux de son parti n'avaient rien négligé pour augmenter les leurs ; ils étaient dans une ville où la population était fort nombreuse, et soit par crainte, soit par espérance, ils surent en engager une grande partie à prendre les armes, en sorte que leurs troupes dépassaient de beaucoup en nombre celles des républicains.

Elménius, ne voulant pas leur laisser trop le temps de respirer, donna ordre, lui et ses confrères, de passer la petite rivière qui les séparaient de conjurés, afin de joindre et d'exterminer leurs mortels ennemis. Lorsqu'ils l'eurent passée et qu'ils allaient vers le faubourg où s'étaient réfugiés les débris des républicains, ils furent bien surpris de voir arriver de nouvelles forces. Le grand-prêtre fut vivement frappé de cette extrême diligence. « Mais c'est égal, dit-il en s'écriant avec confiance, courage! mes amis, on nous apporte de nouvelles armes, ils seront mieux battus. »

Pendant que les prêtres et les grands, enivrés du succès de la veille, regardent leurs ennemis comme vaincus et exterminés, Drocart et Verdelmus approchent à pas précipités à la tête de douze cents hommes, qu'ils avaient su prévenir contre la séduction du grand-prêtre. Le titre de volontaires annonce que c'étaient des hommes très-dévoués à la République, et leur courage le prouva. Elménius s'avance vers la troupe fraîche que commandait Drocart et qu'il croyait la plus redoutable, parce qu'elle n'avait pas été pervertie; fier de jouer de nouveau un rôle qui lui avait bien réussi, il pensait qu'il lui suffisait de se montrer et se faire entendre pour que tout pliât devant lui; mais il fut bientôt détrompé, en voyant l'ardeur et l'impétuosité avec laquelle ils se lançaient dans le combat; il voulut parler, mais ses cris ne purent plus se faire entendre, les oreilles des républicains étaient fermées à sa voix.

Ils en étaient venus aux mains, lorsque Erdam arriva avec sa troupe impatiente. Ils attaquent comme à l'improviste, ils tombent subitement comme la foudre; le feu des armes était trop lent pour servir leur furie; c'est avec le fer qu'ils portent la mort et l'effroi à tous ceux qui s'offrent à leur passage. Elménius, qui voit tomber sous leurs coups les plus intrépides des siens, commence lui-même à craindre; il cherche une issue pour sa retraite; mais, dans le même instant, il est atteint d'un coup mortel.

Cette perte fut pour ceux de son parti un terrible échec. Cependant les grands seigneurs et les prêtres encourageaient les troupes de leur mieux, et faisaient eux-mêmes des prodiges de valeur; mais, comme leurs soldats ne concouraient pas tous au même but, comme leur union ne provenait pas d'un intérêt commun, l'ardeur aussi ne sut pas se soutenir; ceux qui avaient été entraînés par un zèle superstitieux commencèrent à se relâcher. A la mort du grand-prêtre, se croyant abandonnés de leur Dieu, ils n'eurent plus le même courage à opposer à l'ardeur croissante des républicains, qui faisaient dans leurs rangs un horrible ravage. Le Bacha Quimir, qui, après la mort du grand-prêtre, avait pris le commandement, fit tous ses efforts pour ranimer ses troupes et pour soutenir le choc foudroyant de ses ennemis. Mais, voyant toujours le danger s'accroître et reconnaissant l'impuissance de ses efforts, il prit le parti de s'évader, et fut suivi de tout ce qui lui restait de partisans.

Un grand nombre se soumit et demanda quartier, tous obtinrent le pardon; hors quelques individus suspects, qui, soit à cause de leur grade, soit pour leur turbulence opiniâtre, furent mis dans des prisons. On poursuivit quelques fuyards, mais tout fut bientôt dispersé. L'affaire en resta là, et les républicains remirent au plus tôt la main à l'ouvrage commencé, du partage des terres.

XI

Retour du Sultan.

Comme l'on s'occupait de la restriction des grandes fortunes, en formant dans chaque quinox des lots à distribuer aux pauvres, le sultan apprit que la discorde régnait dans la Turquie d'Europe; il saisit ce moment pour tenter d'y reprendre son empire. Ayant rassemblé toutes ses forces, aidé même de voisins qui augmentèrent le nombre de ses troupes, il quitta l'Asie en grand appareil, et arriva en Europe à la tête d'une nombreuse armée.

Quoique sans envie de faire la guerre à aucune puissance, les républicains avaient des troupes bien disposées, selon ce principe, que pour la sûreté de l'État on doit toujours être prêt à combattre; les impériaux débarquèrent prèsde Rodosto, et en vinrent aux mains. Je ne raconterai pas la valeur et les faits éclatants qui, en cette occasion, immortalisèrent les républicains; l'armée de l'empereur fut défaite, et lui-même fait prisonnier avec un grand nombre de ses soldats. Que ne peut un peuple libre et qui travaille pour sa liberté! Bien moindres en nombre, les républicains avaient remporté une victoire complète. Ainsi, dans les mêmes contrées, les Grecs, avec une poignée d'hommes, chassèrent de leur territoire les armées innombrables des Perses. Mais dans le temps des Aristide et des Thémistocle, les Grecs sentaient le prix de la liberté, ils y tenaient plus qu'à leur vie; aussi étaient-ils invincibles. Il en est qui s'étonnent que des hommes aient été vainqueurs, dans des combats où l'on était quinze, vingt, trente contre un. Il y a des historiens même qui rapportent que 7 à 8 cents hommes en ont mis 40,000 en déroute; cela semble exorbitant et incroyable à des personnes qui ne sentent pas le prix de la liberté; qu'ils apprennent qu'on ne peut jamais exagérer les chiffres; il faut connaître la différence qu'il y a entre un peuple libre et un peuple en servitude. Un peuple d'esclaves ne partageant point les vues des despotes, on n'agit point de concert, c'est un corps paralysé, dont la vie et tout le feu se trouvent concentrés dans quelques points: les périls viennent-ils à le menacer, se voit-il en butte à de grands dangers, pour se sauver dans ces temps de malheur il voudrait communiquer la vie à tout son corps; mais ses membres refroidis et inertes languissent faute de nourriture; ils sont incapables de la recevoir et rendent ses efforts inutiles. Chez un peuple libre, au contraire, la vie est partout; tout est plein, tous les membres agissent; celui qui commande comme celui qui obéit, se sentant animés d'un feu qui se concentre; la liberté est le dépôt où chacun puise la hardiesse et le courage; c'est la pierre de touche, qui, en électrisant le feu de leur esprit, en fait sortir la foudre à qui rien ne résiste. La liberté bien conçue est si belle, ses attraits si entraînants, que de tout temps, pour elle, le courage et la valeur ont fait des prodiges.

Enfin, les républicains étaient vainqueurs; quelques débris de l'armée battue avaient cherché le refuge dans les vaisseaux pour repasser en Asie, espérant que dans cette partie, encore soumise au sultan, ils pourraient se renforcer et revenir délivrer leur maître; mais ils furent poursuivis par les républicains, et la liberté qui, sur les ailes de la renommée avait devancé les vainqueurs, commençait en Asie à s'emparer des esprits; une nouvelle victoire ne fut pas difficile, et bientôt le parti impérial se vit sans ressource.

XII

Division des terres; harangue de Puplicius.

Après que les républicains eurent vaincu, le parlage des terres s'exécuta sur tous les points de la République ; puis un édit fut proclamé contre ceux qui oseraient enfreindre les règles prescrites à cet égard. Tous les trois ans on devait faire un nouvel arpentage des terres, et tout individu dépassant la limite fixée par loi en perdrait tout ce qui excédait la *plénitude ;* à la seconde fois, il en perdrait quatre fois autant, et à la troisième il serait totalement dépossédé et condamné comme coupable d'attentat à la liberté publique, mis par la loi au rang des plus grands crimes ; de ceux qui entraînaient l'exil à l'île des esclaves.

Le peuple qui naguères n'osait regarder ces grandes fortunes en face, les voyant abattues, et les chaînes brisées par leur chute, était dans un enthousiasme immodéré : que pourraient faire, dans ces moments de chaleur et d'effervescence, tous les monarques de la terre ! en vain seraient-ils réunis pour ravir au peuple sa liberté ; après leurs grands efforts, ils n'auraient que la honte d'expirer à ses pieds ou de trouver leur salut en embrassant l'égalité.

Tandis que le peuple croit avoir tout fait pour sa liberté parce qu'il a vaincu la terrible puissance d'un empereur, Puplicius pense, au contraire, qu'il y a beaucoup de choses à faire, beaucoup de victoires à remporter ; il monte à la tribune aux harangues, et parle ainsi : « Chers citoyens, nous pouvons nous féliciter du grand pas fait par nous vers la liberté ; mais ce n'est pas tout de la poursuivre, il faut encore l'atteindre, et savoir la fixer parmi nous.

C'est peu de chose pour notre liberté, d'avoir mis un tyran dans les fers : combien de peuples ne trouve-t-on pas dans l'histoire, qui en ont fait autant, et qui cependant, après leur triomphe, n'en ont pas moins subi le joug de l'esclavage! Le plus grand et le plus terrible ennemi nous reste encore à vaincre, et cet ennemi, c'est nous-mêmes, c'est l'habitude que nous avons de la servitude; oui, l'histoire est pleine des tyrans vaincus et terrassés, dans l'espoir que leur chute amènerait le triomphe de la liberté; dans tous les temps les peuples ont fait des efforts pour marcher vers elle, mais bien peu ont su trouver le moyen de la retenir. Non-seulement il nous faut une constitution capable de repousser tous les efforts de la tyrannie, mais il faut encore trouver le moyen d'en étouffer, pour ainsi dire, le germe, afin d'empêcher le danger de la lutte, et ce moyen ne peut exister que dans l'éducation, dans une éducation qui change les mœurs, et détruise les préjugés et les habitudes qui entraînent le peuple vers les chaînes qu'il abhorre, en dépit des meilleures lois pour l'en écarter.

« La République doit être regardée comme une grande famille, où le père donne à ses enfants une éducation capable de faire concevoir à chacun son droit à l'héritage, et susceptible en même temps de faire craindre à tous le titre d'usurpateur. Voilà, chers citoyens, le but proposé; que chacun s'engage dans la lice pour avoir l'honneur de l'atteindre de plus près; chacun s'y trouve intéressé et pour sa gloire et pour son propre bien. Vous qui occupez les premières places de la République, pensez-y; vous qui êtes dans un rang subalterne, et vous aussi, simples citoyens, c'est encore là votre apanage, car ceux qui sont à la tête du Gouvernement ne sont pas les seuls êtres qui pensent. La République tend à rapprocher les distances; elle met chaque citoyen à même d'oser donner son avis publiquement. Qu'on ne dise pas avec cette froideur et cette nonchalance très-condamnable dans certains individus : Moi, je ne m'occupe point des affaires du Gouvernement, peu m'importe comme on s'arrange. A les entendre, ils semblent indépendants de la chaîne sociale, et peuvent dédaigner sans inconvénient de s'instruire sur les rapports sociaux.

« Ignores-tu, ô homme, que tu es né pour la société? ignores-tu que le plus saint de tes devoirs est celui de chercher selon tes forces à t'y rendre utile? quelle tâche plus honorable à remplir! quel but plus digne de tes efforts que celui qui peut contribuer au bonheur de tes concitoyens et de toi-même! Que sont tous les arts et toutes les sciences auprès de celle qui perfectionne l'union sociale? La science du législateur est sans comparaison au-dessus de toutes les sciences, et ceux qui travaillent à chercher des ressorts pour resserrer l'union sociale et rendre bons et utiles tous les membres de ce corps, peuvent se glorifier de travailler à la science la plus utile et la plus méritoire, à celle qui est le principe et l'élément de toutes les autres. Détruisez la société, tout se brise et se confond ; le genre humain rentre dans le néant. Plus le corps social est en santé et en vigueur, plus les membres se sentent d'élan.

« Qu'on se rappelle les beaux temps de la République grecque et romaine ; dans ces temps où la liberté était la vie, dans tous les arts et les sciences on voit le génie grandir comme un géant, tandis que la décadence de l'esprit humain se fait bientôt sentir aussitôt que le pouvoir, c'est-à-dire la vie, commence à se resserrer dans quelques parties du corps social : la paralysie, qui met certains membres dans l'inaction en les empêchant d'agir de concert, fait que nulle partie du corps ne se trouve à l'aise pour goûter le bonheur ; aussi tant que les nations sont en santé et en vigueur, l'histoire semble s'enorgueillir de nous raconter les merveilles de leurs productions ; mais lorsque les membres qui les constituent sont malades et gangrenés, ce n'est que crime et barbarie. Que ces temps de malheur des sociétés mal organisées nous servent d'exemple, et que chacun de nous, selon ses facultés, travaille à prévenir un pareil fléau !

« Nous savons que, bien que chaque membre puisse être utile au bien commun de la société, tous cependant n'ont pas de facultés propres à embrasser de leurs vues le bien de la société entière ; mais que chacun s'exerce sur ce que chaque individu lui doit, et sur ce qu'il doit à chaque individu et à soi-même, et partant de là, s'il a quelque intelligence, il apercevra les rapports que ces membres ont entre eux, et ce qu'il faut en entier pour le bien du corps social. Que l'on ne dise pas: Je ne suis rien ; chacun est quelque chose; l'esprit du plus simple individu bien disposé est toujours une digue contre le débordement de la tyrannie; qu'on n'oublie pas que ceux qui tendent à l'usurpation du pouvoir savent fort bien s'appuyer sur la tournure de l'esprit du peuple.

« La faiblesse et l'ignorance font le règne des tyrans. Qui connaît son devoir et le met en pratique, règle et force à observer la loi ceux qui sont le plus portés à l'enfreindre; la tyrannie perd son audace lorsqu'elle voit dans ce qui l'entoure un esprit contraire à ses desseins. Il ne s'agit donc pas que chaque individu, pour être utile à la société, donne des préceptes, mais il lui suffit de connaître l'esprit d'une bonne constitution et de se familiariser avec les devoirs qu'elle ordonne de remplir, afin d'être digne du nom de vrai républicain. Cette voix est sans comparaison plus forte pour empêcher l'entrée de la tyrannie que les armes avec lesquelles nous l'avons terrassée.

« Oui, ajoute Puplicius, pour fixer la liberté parmi nous il faut tous être instruits. Plus le devoir sera connu dans la nation, plus nous serons en sûreté; il faut que la lumière brille partout, afin que les perfides usurpateurs ne trouvent à se cacher nulle part. »

XIII

Instruction publique et ses effets.

Lorsque Puplicius eut achevé de parler, son discours fut applaudi presque d'une voix unanime, et l'on reconnut que l'éducation devait être une, et que l'union sociale ne pouvait provenir que de l'effet d'un même entendement. On convint donc que dans chaque localité il y aurait des instituteurs en proportion du nombre des individus, et que les mêmes principes d'éducation seraient établis également partout ; chaque père de famille serait obligé d'envoyer ses enfants mâles aux écoles ; les enfants appartenant à l'Etat, c'était aussi à l'Etat à les faire élever gratuitement ; le principal but de l'instruction devait être l'enseignement des vertus sociales, et à cet effet on choisissait autant que possible, pour instituteurs, les hommes les plus sensibles à la vertu, car il est reconnu qu'on n'en pénètre autrui qu'autant qu'on en est bien pénétré soi-même.

Les enfants dès leur premier âge étant très-imitateurs, il leur est naturel de faire ce qu'ils ont vu faire, aussi l'on dit souvent : *tels pères, tels fils ;* et, en effet, l'on trouve généralement des rapports entre les uns et les autres, surtout quand les pères ont plus contribué à l'éducation de leurs enfants ; car c'est plutôt l'effet de l'instruction qu'on a reçue auprès d'eux, qu'une qualité indépendante transmise par la nature ; et quoique le physique puisse influer sur l'homme dans sa manière d'agir, et qu'avec certaines qualités il se trouve plus ou moins apte aux bonnes ou mauvaises actions, l'homme, cependant, mis en société, ne doit guère être considéré que par rapport au moral, parce que le moral modifie le physique et en tire le bien ou le mal, selon qu'il est bien ou mal administré.

On jugea convenable de commencer de bonne heure l'instruction des enfants, afin qu'en donnant une bonne tournure aux premiers sentiments qui se développent en eux, on en fît un jour des citoyens honnêtes et éclairés. Lorsque les enfants avaient atteint un certain âge et que les forces du corps commençaient à grandir, il était permis à chacun, selon le goût des enfants et la volonté du père, de prendre le métier, d'embrasser l'art ou la science que bon leur semblerait, aux frais du père, sans pourtant être exclus de l'instruction qui doit fortifier l'homme dans le devoir social. Tous les huit jours, il y avait une réunion au chef-lieu de la localité pour interroger et instruire les jeunes gens sortis de l'école, pour apprendre quelque art ou métier ; là, on cherchait à les fortifier dans les principes établis et on les exhortait à écrire des discours dont on leur donnait le sujet, ou bien ils choisissaient eux-mêmes ; mais toujours le sujet devait être pris dans les saintes maximes inscrites au tableau des lois ou dans l'horreur des vices qui leur sont contraires. C'est par ces moyens qu'on exerçait la jeunesse à se pénétrer des devoirs sociaux. Le peuple assistait à ces assemblées ; sa présence excitait la jeunesse à l'émulation et au devoir, et lui-même en retirait de précieux avantages. Le recteur le plus souvent terminait l'assemblée en faisant l'éloge de celui qui avait le mieux raisonné, en l'exhortant à la pratique des vertus qu'il avait su démontrer, ou en aidant dans la conception celui qui avait montré de l'embarras dans sa narration.

Non-seulement on reconnut la nécessité de commencer de bonne heure à nourrir l'esprit de l'homme de bonnes habitudes, afin de ne pas y laisser pénétrer les mauvaises, et de lui faire trouver son bonheur dans le devoir, mais encore l'on jugea très-utile d'en multiplier les substances pour le nourrir tout le temps de sa vie, afin de le fortifier dans l'amour du bien, fruit de la primitive éducation.

L'éducation de l'enfance est très-utile, parce que dans un âge tendre elle se grave plus facilement et donne à l'esprit une certaine tournure qui influe sur toute la vie : cependant l'union sociale n'en saurait provenir, si cette éducation abandonnée à elle-même, prenait des routes différentes, et si le guide cessait de lui en montrer le but. Pour le bien de l'union il faut que les citoyens conservent les mêmes vues, et dans ce cas il est nécessaire que l'éducation de l'homme se prolonge autant que sa vie. A cet effet, on tomba d'accord qu'il y aurait dans chaque quinox des assemblées une fois par mois, afin que chacun allât à ces réunions pour s'éclairer et se ranimer dans le devoir. De quinze à trente ans, les hommes étaient obligés de s'y rendre, hors les cas de dispense; le reste des citoyens y assistait à volonté.

« C'était là, disait Norillant, que le peuple accourait s'instruire mutuellement. Là, il allait enseigner et apprendre les devoirs de l'homme. A ces réunions toutes les vertus sociales devaient se développer et se perfectionner par les belles réflexions qu'y apportaient à l'envi les citoyens capables ; c'est là que par des discours que chacun avait le droit de prononcer, l'on voyait briller la vertu, l'on apprenait à l'aimer et à fuir les amorces trompeuses du vice. »

Les citoyens, soit pour s'instruire ou pour se distinguer en donnant des préceptes, venaient en grand concours à ces assemblées. Nos collaborateurs, en songeant à l'instruction du peuple, n'avaient pas omis l'art d'y introduire l'agrément, sachant qu'il faut plaire pour instruire ; aussi, le peuple accourait à ces réunions avec grand plaisir, et c'était une bonne chose pour l'accroissement des vertus. Tout citoyen allait là démontrer les horreurs du vice ou faire l'éloge de la vertu ; n'eût-ce pas été une honte pour lui de ne pas fuir le vice qu'on doit craindre, et de ne pas embrasser la vertu qu'on doit aimer? La censure l'aurait refoulé au plus bas degré, car il est de rigueur de se corriger avant de chercher à instruire. Aussi, voyait-on courir à ces réunions tous les esprits bons à gouverner la République. Là aussi le peuple apprenait à distinguer le mérite et à ne donner ses voix qu'à lui seul.

L'intrigue était méprisée, tout esprit de domination était craint ; il y avait des prix pour ceux qui se distinguaient par des discours salutaires à la liberté, ou qui par leurs talents concouraient au bien de la patrie ; mais ceux qui avaient l'ambition de se distinguer dans quelque genre que ce fût, devaient plutôt se prémunir des vertus essentielles à leur but préposé, que de chercher par la basse et traître flatterie d'amadouer ou corrompre les esprits en leur faveur ; le peuple apprenait tous les jours à se défier de cet esprit corrupteur qui cherche à plaire pour trahir. »

Il aurait suffi à un citoyen de demander des préférences ou de sembler en demander, pour se voir refuser ce qu'il eût obtenu sans intrigue. On avait jugé qu'il y avait esprit de domination dans quiconque tentait de s'élever par d'autres voies que celle du mérite. On accordait honneur et gloire à celui qui avec des talents supérieurs savait se modérer.

Enfin, les exercices étant finis, les prix étaient préparés; mais avant de les distribuer, le consul du quinox, afin de prévenir toute jalousie, parlait à l'assemblée à-peu-près en ces termes : « La République, qui tend toujours à la perfection, veut couronner le zèle de ceux qui, avec des intentions droites, travaillent à épurer l'esprit de ces lois excitatrices de la vertu, ou à perfectionner les arts les plus utiles à la patrie. Je dis : avec des intentions droites ; elles le sont quand on croit avoir fait à soi-même le bien fait à la patrie, quand chaque citoyen considère la liberté dont il jouit comme un prix au-dessus de tous ses travaux, quand il voit que si dans le temps passé à faire quelque bien il fût resté dans l'inaction, et qu'on l'eût imité, il serait dans un état de servitude et d'opprobre.

« Oui, citoyens, la République couronne le zèle

de ceux qui se dévouent pour elle, de ceux dont les actions ne sont point dictées par l'intérêt personnel, mais qui savent placer leur propre gloire dans la gloire de la patrie. En effet, le don de la liberté n'est-il pas un prix qui nous regarde tous, et celui qui porterait ses prétentions au-dessus, ne courrait-il pas le risque de la perdre en voulant la ravir? Qui d'entre vous oserait dire : J'ai fait du bien à la patrie et je n'en ai pas reçu la récompense; j'ai travaillé pour la liberté de mes concitoyens, et l'on ne m'a décerné aucun prix? Quoi, lorsqu'un citoyen est libre, que lui faut-il de plus? ses services dépassent-ils ce qu'on a fait pour lui? ignore-t-il que malgré tous ses grands efforts, il n'eût abouti à rien s'il n'eût été secondé, et que la liberté dont il se croit si fier, est due à quantité de citoyens qui par différentes voies ont concouru à la fixer parmi nous? Celui qui ne saurait voir dans la liberté la récompense de ses travaux serait indigne du nom de citoyen.

« Oui, la liberté doit faire seule l'ambition d'un citoyen vertueux; ce prix seul doit l'exciter à écarter tout esprit corrupteur, qui, en infectant le corps social dont il est membre, peut répandre sur lui de funestes effets. Si la République encourage le citoyen en couronnant le mérite, n'est-ce pas un bien qui doit rejaillir sur tous, puisque par ce moyen elle cherche à se prémunir de tout ce qui peut la renforcer?

« Quelqu'un peut-être dira : J'avais mérité plus et l'on m'a donné moins; cela pourrait être, car les hommes n'étant pas des dieux, ils se trompent; mais celui qui oserait se plaindre ainsi ne serait-il pas quelquefois lui-même injuste en demandant des préférences non méritées? il le serait même toujours, puisque par ses prétentions il échapperait à cette pureté qui ne lui fait pas trouver dans sa liberté tout le prix qu'il doit attendre. Ce qu'on doit envier à un citoyen n'est pas ses titres, mais c'est de le dépasser dans la pratique des vertus; cette ambition est légitime; de toute autre l'on doit se défier, et surtout des effets qui la font naître. Si la liberté publique redoute les ambitieux, les fades admirateurs lui sont encore plus funestes; cet enthousiasme immodéré, qui rabaisse tout pour élever ce qu'il admire, est une source de ces fausses grandeurs que les peuples n'envisagent qu en tremblant; une admiration outrée, en mettant les actions humaines au-dessus de leur essence, les rend incroyables, et le délire du fanatisme les a poussées parfois jusqu'à rendre les honneurs divins à des hommes dont les actions, envisagées selon la justice, étaient souvent peu méritoires, ou peut-être ne l'étaient point du tout. Cependant, la vertu doit être honorée dans les citoyens qui remplissent le mieux leurs devoirs envers la patrie, mais elle doit l'être avec clarté et sans excès; ces réunions établies par la République sont expressément destinées à nous fortifier dans l'amour de la vraie gloire, et à nous apprendre en même temps à décerner les hommages à rendre au mérite; les prix qu'on va donner ont pour but spécial d'exciter à l'émulation ; mais, quoique le plaisir d'être élevé aux honneurs soit permis, on ne doit jamais oublier que le but que chacun se doit proposer, n'est pas dans le titre ; c'est dans le bien de la patrie que chacun doit voir toute sa récompense. Les couronnes décernées dans ces assemblées sont de peu de valeur; elles ne semblent rien en comparaison de celles qui foulent les peuples dans l'opprobre et la servitude; cependant elles peuvent être la source d'un grand bien, selon qu'on les dirige. Les ruisseaux, en donnant leurs eaux avec modération, empêchent le débordement des grands fleuves. »

Quand le consul eut ainsi parlé, on distribua les prix, où étaient inscrits les noms et le titre de ceux qui les avait mérités; la musique venait ensuite honorer et applaudir à leurs travaux, en exécutant des airs susceptibles d'élever l'âme, et non de l'amollir. Le peuple qui s'était rendu à ces assemblées depuis le matin, avait bien passé quelque temps sans languir ; mais lorsque les besoins du corps se font sentir, ils interdisent tous les agréments de l'esprit ; il fallait au corps de la nourriture, et l'on y avait pourvu. Toutes les fois qu'il y avait réunion, la règle était de donner à l'assemblée, aux frais du quinox, un repas frugal. Là, point de mets recherchés qui paraissent plus précieux, parce qu'ils sont plus rares; le luxe de la table n'était point connu, on savait qu'un bon appétit était le meilleur de tous les ragoûts : il y avait seulement d'excellent pain, des fromages et des fruits, selon les lieux et la saison, quelque peu de vin, mais en petite quantité, afin que les esprits ne dépassassent pas les bornes de la raison et de la gaîté par le trop de boisson. Ce repas était pris avec ordre et modération, quoique chacun eût la liberté de satisfaire son appétit, comme bon lui semblait; la frugalité était regardée comme une des vertus très-essentielles; celui qui ne savait pas se modérer dans le boire et dans le manger, était très-mal vu dans l'opinion publique. Si même il était reconnu qu'il tombât trop souvent dans ces excès, il était déclaré indigne du nom de citoyen, et n'avait plus qualité pour aucun titre, ni pour voter sur quelque objet que ce fût; on avait reconnu avec raison que l'intempérance trop réitérée non-seulement dérange les facultés du corps, mais encore qu'elle abrutit l'esprit. Cette dégradation était faite afin de donner, autant que possible, des esprits sains au gouvernement de la république.

Après le repas, lorsque chacun en avait pris selon ses besoins, l'on commençait les jeux; la matinée s'était passée aux exercices de l'esprit, la soirée s'employait à développer les facultés du corps. Dans ces jeux on admettait les exercices d'adresse et de force, et tout ce qui contribue le mieux à donner de la souplesse et de l'énergie. Vers le soir, lorsque tout était fini, chacun se retirait chez soi, satisfait et content; les uns allaient, en reprenant leurs travaux ordinaires, penser aux moyens de remporter quelque prix à la nouvelle séance; les autres, satisfaits du plaisir qu'ils venaient de prendre à ce spectacle, s'occupaient à se le rendre présent, pour abréger l'intervalle entre celui qui devait le suivre.

Enfin, les assemblées des quinox, établies pour donner du nerf à l'éducation générale, servaient surtout à préparer la jeunesse et à lui orner l'esprit des vertus essentielles au gouvernement de la République; aussi fallait-il s'être déjà distingué aux assemblées quinoxiennes pour obtenir quelque grade soit dans le civil ou dans le militaire.

XIV.

Progrès de la République; mouvement dans les divers grades; lettre de Vilyus.

Enfin le gouvernement prenait chaque jour plus de consistance, et les républicains ne négligeaient rien pour le mieux affermir; l'éducation, partant d'un même principe, et répandue dans toute la nation, était un des premiers éléments de l'union sociale; mais cette éducation, en imprimant dans les cœurs l'horreur de toute usurpation, faisait aussi sentir à chacun le droit au bien patrimonial; c'est pourquoi, pour rendre le tout conforme à l'éducation reçue, il ne suffisait pas d'avoir réprimé la trop grande inégalité des fortunes, il fallait encore régler le droit aux charges et aux dignités, afin que les pouvoirs et les bénéfices ne restassent pas toujours aux mêmes mains.

Il fut convenu à cet effet que tout citoyen, soit dans le civil ou dans le militaire, ne pourrait garder le même grade plus d'un an, que tous les grades se donneraient par élection ; tout citoyen soumis à l'élection devait avoir mené une bonne vie, et offrir les garanties nécessaires de capacité.

Voici en abrégé l'ordre des gradations. Pour former les administrations des localités, on choisissait parmi les citoyens les moins sujets à la censure et qui savaient prouver le mieux, dans un discours, combien la vertu est un puissant ressort pour empêcher l'entrée à la tyrannie. Pour former l'administration d'un quinox, on choisissait dans les administrations des localités; pour former l'administration d'un carré, l'on prenait dans celles des quinox ; pour former l'administration d'un centenien, l'on puisait dans celles des carrés; pour former celle du lieu central, l'on choisissait dans celles des centeniens, et toujours parmi ceux qui joignaient le mieux le mérite aux talents.

Pour que le droit aux charges fût bien partagé et que les grandes dignités et grands bénéfices ne dérivassent pas seulement des administrations des localités, quinox, etc., qui, par gradation, montent au consulat, il fut réglé que les emplois (qui dans les grandes villes sont en proportion du nombre des habitants) se correspondraient, et par gradation auraient les mêmes suffrages à parcourir pour arriver aux premières magistratures que dans les localités, quinox, etc.

Enfin tout était disposé de manière que le mérite pût sans gêne sortir de tous les coins de la nation.

Dans le militaire c'était à-peu-près comme dans le

civil ; parmi les simples soldats, on choisissait les caporaux ; parmi ceux-ci, les sergents, et ainsi de suite ; mais toujours l'on préférait ceux qui avaient mené une vie la moins sujette à la censure, et qui possédaient le plus les talents propres aux fonctions qu'ils se proposaient de remplir. S'il était bon d'être judicieux pour la magistrature, il fallait un jugement prompt et du courage pour le militaire, mais avec les facultés les plus convenables pour occuper quelque emploi que ce fût ; il fallait toujours démontrer publiquement par quelque discours combien l'on était pénétré des sentiments de la vraie liberté.

Le premier consul de la nation était pris dans l'administration du lieu central (qui était le siége du consulat) ou parmi les généraux.

On ne pouvait pas être élu consul d'une localité avant l'âge de trente ans, ni premier consul de la nation avant trente-cinq ans.

Pour les députés ou représentants de la nation, ils étaient pris parmi les administrateurs les plus distingués des carrés.

Aucun citoyen, comme il a été dit, ne pouvait garder le même grade plus d'un an, et quel que fût son emploi. S'il ne pouvait monter, il était contraint de redescendre ; il redevenait simple citoyen, et il pouvait tenter par de nouveaux efforts et en repassant par les mêmes grades, de remonter plus haut et d'atteindre même le sommet, s'il lui était possible.

Voici la lettre qu'écrivait à ce sujet Vilyus, ancien bacha turc, au comte D... :

« A ce que vous me dites, Monsieur le Comte, il paraît qu'en France l'on parle hautement contre notre constitution, et surtout contre la mutation des grades ; mais cela ne doit pas étonner, l'on sait assez que les passions dictées par l'intérêt personnel crient toujours le plus fort, et que, s'il en est plusieurs qui sachent discerner la justice, il en est peu qui s'y connaissent, dès que leur intérêt y touche. Par la mutation des grades, le législateur n'a pas considéré seulement l'intérêt de quelques particuliers, mais le bien de la nation ; et, si l'on veut parler sainement, c'est de ce point de vue que l'on doit partir, et non du murmure de quelques individus.

« On trouve très-affligeant, dis-tu, qu'avec de grands titres il faille craindre d'être réduit à redevenir simple citoyen ; quoi ! ajoute-t-on, commander en général aujourd'hui, et demain peut-être obéir à un caporal ! aujourd'hui grand magistrat, et peut-être demain rien ! peut-on avoir du goût à s'instruire, pour bien administrer une charge qui ne fait que passer ?

« La mutation des grades paraît donc à quelques-uns très-pénible ; mais que l'on quitte pour un moment l'esprit de sa nation, et qu'on se transporte dans la nôtre, toutes ces humiliations prétendues disparaîtront. Quoi ! a-t-on pu penser un instant qu'il y ait le moindre rapport entre une personne dégradée chez nous, et une de votre nation ? Chez vous, être dégradé, c'est une chute pénible, et d'autant plus pénible qu'on s'y attend moins ; chez nous au contraire tout cela n'est rien, parce que c'est une régle générale; l'on sait qu'on ne restera pas à la même place, qu'on sera élevé ou rabaissé, et quand on dit que cela ôte le goût de s'instruire sur les matières nécessaires à l'administration des charges, c'est sans réflexion. Ceux qui parlent ainsi, s'ils y songeaient sérieusement, verraient, au contraire, que cet un aiguillon qui excite à se fortifier, et à bien remplir le poste qu'on occupe ; puis que l'on sait que l'on sera mis dans la balance, jugé selon son mérite, et en conséquence élevé ou rabaissé. Je connais tes sentiments, et c'est pourquoi je ne suis point surpris, cher comte, de voir que tu t'étonnes que la mutation puisse déplaire à certaines personnes qui se disent les amies de la liberté ; si elles avaient un cœur désintéressé comme le tien, elles verraient, comme toi, que la vraie liberté ne peut exister sans elle, et que le pouvoir toujours dans les mêmes mains ne tend qu'à se corrompre. Semblables à ces eaux croupissantes, qui deviennent insalubres faute d'écoulement; ainsi les citoyens, quelque bien disposés qu'ils paraissent pour le bien public en entrant en charge, la trop longue durée le leur fait oublier: et ils finissent par s'arroger des droits nuisibles à la société.

« La trop longue accoutumance de commander altère les ressorts de la justice sociale, ainsi que celle d'obéir les affaiblit et les corrompt. Et d'ailleurs n'est-ce pas une usurpation manifeste, que la gratification soit toujours aux mêmes mains; et en même temps cette usurpation ne restreint-elle pas l'esprit de la nation, en fermant l'activité à certains membres, qui seraient capables de meilleurs emplois.

« La mutation des charges est un droit national, droit le plus essentiel à la société : c'est par ce droit que les gouvernements peuvent tendre à toute leur perfection.

« Ainsi que l'abeille qui en voltigeant puise dans le calice des fleurs et en enlève la substance pour composer son miel doux et délicieux ; ainsi, par la mutation, l'esprit, dégagé des entraves, cherche, effleure, dans tous les coins de la nation, la substance la plus propre à former des ressorts pour soutenir la société dans son équilibre : c'est par ce moyen que les charges et les autorités, passant et repassant dans toutes les classes, se trouvent éclairées par des rapports plus sensibles, à leur faire connaître les besoins de la masse sociale pour y subvenir.

« Cher comte, il n'en faut point douter, la mutation des grades est la source d'un grand bien, mais d'un bien gratuit : il n'en est pas comme de certains remèdes, quand on dit que de leur amertume naît la santé du corps ; ici c'est tout le contraire : le bien de la nation sort de l'agrément général ; qu'on se figure une société qui, pour se récréer, aurait placé au haut d'un arbre une couronne destinée au plus intrépide et au plus adroit : on verrait tour-à-tour chacun y grimper, et mettre sa gloire à en approcher le plus près ; cependant après des efforts réitérés, un seul y arrive, un seul en aura la récompense.

« Or, l'arbre de notre nation n'est pas garni seulement d'une couronne, il en porte grand nombre, surtout en commençant; elles vont par gradation jusques au bout, elles servent comme de reposoir, pour ranimer les forces, avant d'arriver à la plus belle. Du pied de cette pyramide chacun la voit briller, l'éclat de sa pureté efface toutes celles de la terre; mais l'on sait que pour l'atteindre, il faut d'abord enlever les plus petites, et celles qui les suivent successivement jusques au bout. On voit aussi des guides qui frayent le chemin; c'est la justice et la vertu : on les appelle à son aide, et leur secours semble forcer les talents à leur prêter leur appui. Là chacun monte et descend, remonte encore, selon les forces et le courage qu'il a pour gravir : quelques-uns, par la force des talents et de la vertu, approchent du sommet, mais un seul y arrive, quelle gloire! un seul choisi sur tant de citoyens qui ont concouru, comme lui, dans la lice : voilà la gloire au suprême degré. Qu'êtes-vous, monarques de la terre, auprès de celui qui, à force de talents et de vertu, est sorti de la poussière pour s'élever au rang des dieux? qu'êtes-vous, vous qui êtes sur un trône où vos ancêtres vous ont placé, et qui, dépourvus de talents et de mérite, n'êtes aperçus que par les brillants qui vous entourent? nés dans un autre rang, vous seriez ce qu'il y a de plus abject. Vous autres aussi, nés avec des talents et des facultés supérieurs, et qui auriez eu quelque mérite si ces germes n'eussent été étouffés par cet orgueil que la basse flatterie inspire, vous êtes méprisables aux yeux de la vertu.

Vous aussi, qui en jouant le personnage de traître avez pris la vertu pour complice pour vous frayer le chemin au trône, souillés par vos crimes et vos perfidies, qu'êtes vous auprès de celui que la nation a élevé par l'échelle des talents et du mérite? lui seul est véritablement grand entre tous les monarques, lui seul occupe le trône légitime, parce qu'il y est monté par la voix du peuple et de la justice.

« Enfin, la mutation des grades est un jeu qui, en même temps qu'il perpétue l'agrément de la nation, donne de l'énergie, développe et vivifie les facultés intellectuelles, et rend à l'homme toute sa dignité : ce n'est que par ce moyen qu'il peut atteindre à sa perfection ; non-seulement par là l'homme social recouvre ses droits, mais encore il se met à même de se faire un gouvernement stable, parce que c'est le seul but légitime de la société.

« On pourrait m'alléguer peut-être que les Grecs et les Romains ont craint de confier trop longtemps la suprême autorité sur la même tête, et que, cependant, leurs gouvernements, après de grands désordres, n'en subirent pas moins le joug du despotisme. Mais considérez que les Grecs et les Romains, et toutes les nations qui ont montré de l'inquiétude, par la crainte de perdre leur liberté en voyant séjourner l'autorité dans les mêmes citoyens, ne surent jamais imaginer cette chaîne graduelle, qui seule peut donner la permanence à un gouvernement ; chez eux les gradations n'allaient que par sauts et par bonds, et tout cela provenait d'une éducation incomplète. Lycurgue même, le divin Lycurgue, qui entre tous les législateurs sut le mieux donner aux citoyens de Sparte une égale éducation, n'aurait pas dû laisser à sa république le besoin d'esclaves : il ne prévoyait pas qu'en laissant parmi les citoyens des hommes vils et rampants, il faisait naître cette fierté dédaigneuse et jalouse qui les ferait regarder comme seuls dignes d'être libres, et qu'ils finiraient par se laisser mépriser et abattre.

« Chez nous, au contraire, l'éducation, en imprimant dans les cœurs l'horreur de toute servitude, montre tous les hommes comme dignes d'être libres, hors ceux qui voudraient attenter sur la liberté d'autrui. C'est par cette éducation que les cœurs bien préparés forment dans les grades cette chaîne qui ne saurait se démentir, semblables à de petits ruisseaux qui arrivent à former un fleuve, et dont les eaux, poussées en avant par celles de derrière, ne peuvent plus s'arrêter pour croupir ; ainsi les grades et les pouvoirs se succédant, et poussés l'un par l'autre, ne peuvent plus séjourner de manière à se corrompre.

« Il n'y a pas à en douter, on s'instruit par les fautes d'autrui, et si nos législateurs nous ont placés dans une route qui ne présente point d'écarts, nous le devons à ces peuples qui nous ont montré leurs écueils.

« Cher ami, plus tu réfléchiras sur l'organisation sociale et les rapports que les hommes ont entre eux, plus tu sentiras que l'on a trouvé chez nous l'ensemble d'une constitution libre et permanente ; et tout cela provient de ce mélange des conditions, produit de la mutation des grades. C'est seulement par là qu'on peut détruire cette source de vexations qui aigrissent le peuple, ainsi que les factieux qui le poussent et le déchirent, pour s'arracher le droit de l'enchaîner à leur pouvoir.

« Oui, notre constitution nous met à l'abri de ces ambitions démesurées, ainsi que des haines et des guerres intestines.

« Si chez les autres nations l'on ne ménage le peuple qu'autant qu'on le craint ; chez nous, au contraire, on le ménage autant qu'on s'aime soi-même, parce que dans le principe tout est peuple, ou, si l'on veut, tout est grand, puisque chacun, s'il en a l'intelligence, a le droit de monter à la grandeur du pouvoir; aussi, comme il est naturel de s'aimer soi-même, l'on ne peut guères voir des citoyens se prévaloir de leur autorité contre un peuple dont ils sont sortis et où ils vont bientôt rentrer; il leur est aisé de voir que le fardeau dont ils voudraient se décharger sur autrui retomberait sur eux-mêmes.

« Enfin les fortunes étant modérées, l'éducation générale et les grades obtenus par le seul mérite qui passe et repasse dans toute la nation, tout tend à détruire ce mépris et ce dédain qui se font sentir ailleurs, de rang en rang, de grade en grade, de profession en profession, et nous vaut en outre l'heureux résultat de la fraternité sociale. »

XV.

Autres lois et règlements de la République ; lettre de Raguel à un avocat de Bordeaux.

Après avoir réglé les variations des grades civils, on s'occupa des grades militaires; à dix-huit ans tous les jeunes gens, sans exception, commençaient les exercices militaires. On les rassemblait dans les carrés pour cet effet. Les hommes à vingt ans étaient soldats pour la défense de la patrie, et ils restaient au service jusqu'à vingt-six ; trois ans dans l'armée active et trois dans la sédentaire. On tirait au sort la partie qui tombait à faire le service des trois premières années dans l'armée active ; au bout de trois ans elle se retirait dans l'armée sédentaire et était remplacée par l'autre partie de la même classe dans l'armée active. Les trois ans passés dans l'armée sédentaire n'étaient que pour les cas où la patrie aurait des besoins extraordinaires. Pendant ce temps chacun était libre de rester dans ses foyers pour exercer le métier, l'art ou la profession qu'il voulait ; il pouvait même aller dans quel lieu que ce fût de la République, selon les vues de profession qu'il avait ou qu'il voulait établir. On les incorporait dans les pays où ils désiraient se rendre ; mais quoique faisant partie de l'armée sédentaire, tous étaient obligés de temps en temps, selon qu'on le jugeait à propos, de faire les exercices militaires, afin de ne pas oublier le métier des armes et d'être toujours prêts, si le besoin de la patrie l'exigeait.

Toujours soigneuse d'écarter les abus, et de parer aux inconvénients qui pouvaient s'introduire, se regardant comme une grande famille qui doit tendre toujours à ce que l'intérêt général ne soit point sacrifié à l'intérêt particulier, la République crut voir que la voie commerciale, livrée tout entière à la volonté des citoyens, pourrait nuire à la cause commune. Considérant que l'avidité du commerce ne regarde pas si les denrées ou marchandises qu'il enlève ou qu'il porte dans un pays lui sont utiles ou nuisibles, le gouvernement, pour prévenir le mauvais effet qui pourrait en naître, se chargea du commerce avec les puissances étrangères, afin que les denrées ou marchandises ne fussent apportées ou enlevées dans la patrie que d'après les besoins connus. Le commerce de l'intérieur était livré aux particuliers.

D'après ce que l'on a déjà vu dans ce précis, il est aisé de prévoir que la partie judiciaire sera différente de celle des autres nations. Oui, dans cette République, l'on a cherché, autant que possible, les moyens de rendre la justice, pour que le faible n'eût à craindre d'autre force que celle d'être lui-même injuste.

Tous ceux qui tiennent à la jurisprudence sont à la solde du gouvernement; les poursuites individuelles ne sont aucunement permises : tout citoyen a droit de réclamer la justice sans faire aucune avance; au jour du jugement, la justice impose la peine et les frais selon les degrés du crime, du droit et de la fortune.

Raguel, voyageant dans la nouvelle République, trouva dans la manière de rendre la justice aux citoyens un plan d'exécution admirable; il écrivit à ce sujet à son ami M. D...,avocat à Bordeaux. Après lui avoir expliqué, dans une de ses lettres, la manière de rendre la justice, il lui disait : « Cher ami, peut-être n'approuves-tu pas ce que je viens de te décrire; tu es avocat et ce titre pourrait bien te fournir des raisons d'être contraire à une constitution qui abroge ton métier. Mais ne considérons pas ceci comme une affaire d'intérêt et parlons sans partialité. Comparons cette forme judiciaire avec celle qui existe en France; en France, je le sais, l'on dit bien : Tous les Français sont égaux devant la loi; mais si nous considérons ces procédures où la faiblesse est opprimée par la force, ainsi que ces malheureux qui pauvres et sans crédit n'osent réclamer leurs droits, nous dirons alors que son exécution lui donne à tout moment un démenti.

« Ici la loi, en mettant les citoyens à l'abri des poursuites de tout adversaire, les délivre en même temps de ces avocats, de ces meneurs d'affaires qui vous caressent, tout en conspirant votre ruine.

« Ceux qui remplissent les fonctions d'avocat sont nommés *vérificateurs*, comme chargés de vérifier, de part et d'autre, le tort et le droit. Ils ne cherchent pas à traîner les affaires en longueur par des vues intéressées, ils ne cherchent qu'à éclairer sur la justice ou l'injustice de la cause; ils ne peuvent guère avoir d'autre intérêt que celui de démontrer, autant que possible, la vérité pour acquérir l'estime de la nation.

« Autrement, vous avez une affaire où le tort est de votre côté, et cependant vous consultez un avocat; il est bien rare, surtout s'il sent qu'il y a de quoi lui *graisser la patte*, qu'il ne vous dise que vous avez droit, ou du moins qu'il ne vous fasse espérer gain de cause. Puis avez-vous perdu un procès, vous faites appel à une autre cour, et par là votre adversaire tombe par faiblesse, car vous êtes plus riche et plus puissant que lui.

« Ainsi les procès traînant des années, quelquefois dix ans, n'en font pas voir la fin.

« Penses-tu, mon cher D***, que tant de longueur dans les affaires mène toujours à la vérité? je crois que c'est le contraire : si le temps peut servir quelquefois à éclairer les faits, il sert plus souvent encore à les obscurcir par les sens détournés; enfin les largesses font naître les équivoques et aboutissent trop souvent à prouver que le faible a tort.

« Non, la saine vérité n'a pas besoin de tant d'apprêts pour être aperçue; mais en tout il est un terme moyen auquel on doit s'arrêter.

« Dans cette République comme tu vois les citoyens ne sont pas libres de se poursuivre dans leurs dissensions particulières : c'est au gouvernement seul qu'appartiennent toutes les poursuites.

« En effet, la justice s'altère indubitablement, quand on laisse combattre les intérêts; la loi craint de laisser les hommes libres de se battre à la force de corps, parce que le faible serait ordinairement battu, ou qu'entre égaux ils se feraient du mal mutuellement; il en est de même par rapport aux dissensions : en laissant les particuliers libres de se poursuivre, il paraît impossible que la justice puisse se rendre exactement, parce qu'étant égaux de droit, mais non de fortune et de crédit, le faible, à droit égal, doit succomber le plus souvent, les deux parties étant poussées par des avocats et des meneurs intéressés à entretenir les dissensions et qui, après les avoir acharnés l'un contre l'autre, les ruinent. Ainsi s'accomplit le proverbe de l'huître, dont le juge donne à chaque plaideur une écaille.

« Non, la justice ne peut s'obtenir que difficilement, tant que son exécution est confiée aux mains des personnes qui trouvent leur intérêt à propager la discorde, car leur profession semble leur en faire un devoir. Oui, les cœurs les plus fermés à l'injustice, si scrupuleux qu'ils soient, s'ouvrent parfois lorsqu'ils entendent leur intérêt crier. Toutes les fois que l'intérêt est en jeu, il trouve des tournures pour se justifier. Dans ce cas, pour se garantir de l'injustice, le mieux est, autant que possible, d'ôter les moyens de s'y exposer. C'est ce qu'on fait dans cette République; et je crois qu'on a ainsi trouvé le moyen d'étouffer le germe d'un grand nombre de querelles et d'animosités qui divisent les citoyens et ruinent les familles. Mais, me diras-tu peut-être, ce que l'un perd l'autre le gagne, et tout revient au même ; d'ailleurs, ajouteras-tu, il faut que tout le monde vive : oui, je le sais, mais il y a cent voies honnêtes pour vivre, et toute profession qui ne peut exister qu'au détriment de la justice doit être bannie de la société. »

XVI.

Coalition contre la République ; conduite des républicains après la victoire.

Enfin, de plus en plus la République tendait à se consolider et à réunir la perfection sociale. La réputation qu'elle acquérait par la sagesse de son gouvernement commença bientôt à porter de l'ombrage ; les monarques et les grands, qui semblaient voir dans cette belle constitution le présage de leur chute, s'armèrent pour la détruire jusqu'en ses fondements ; l'Italie, l'Autriche et quelques autres États voisins se liguèrent à cet effet. La République vit cet orage se former, mais elle était bien préparée, et s'attendait bien à une semblable opposition ; aussi tout cet appareil de guerre ne la troubla pas.

Philantor était alors consul ; capitaine expérimenté et d'un génie supérieur, il donna ses ordres pour le transport des troupes dans la Servie ; là, il passa ses soldats en revue et leur dit : « Mes chers amis, vous le savez, on nous menace ; l'union et la fraternité qui règnent parmi nous troublent et irritent les tyrans. On craint que les peuples qu'ils ont sous leurs pieds, fatigués d'un poids qui les accable, ne veuillent à notre exemple secouer le joug et réclamer leurs droits :

c'est la seule raison qui les a portés à jurer notre ruine; mais qu'ils viennent, qu'ils s'approchent de nos limites, ce sera le signal de leur chute; leurs forces peuvent être formidables, mais la seule idée de ce que vous êtes, et la honte qu'on vous prépare, impriment déjà leur perte écrite sur vos fronts. Qu'on se ligue tant qu'on voudra, nous avons pour nous la justice, et avec son appui nous briserons toutes les puissances.

De côté et d'autre on se préparait à la guerre; les alliés s'approchaient de jour en jour, et les républicains attendaient avec impatience le moment où ils pourraient les punir de leur témérité; plusieurs auraient voulu courir les attaquer sur leur territoire, mais le consul ne fut pas de cet avis. « La justice, dit-il, nous défend de dépasser les bornes de notre République, il faut les attendre chez nous, afin qu'il n'y ait de notre part aucune marque de provocation; nous connaissons, il est vrai, les desseins qu'ils ont sur nous, mais n'importe, ce n'est que lorsqu'ils auront mis un pied téméraire dans notre patrie que nous aurons le droit de les poursuivre dans la leur et de châtier leur insolence. »

Tout en attendant les ennemis, les républicains ne perdaient point de temps; ils prenaient toutes les mesures et les informations possibles pour connaître les forces des coalisés et la direction de leurs démarches.

Ils en vinrent aux mains; mais tout était si bien disposé de la part du consul, et ses vues furent si bien secondées par les républicains, dont le courage et la valeur dépassa toute expression admirative, que les alliés, après un terrible choc, furent contraints d'abandonner le champ de batailleen laissant un grand nombre de prisonniers.

Après le combat, les républicains n'eurent rien de plus pressé que de porter une main secourable à ces malheureux atteints par la foudre, mais auxquels il demeurait encore un reste de vie, et auxquels ils voulaient donner la consolation de voir les tyrans en fuite; cette idée, entretenue parmi les blessés, adoucissait autant leurs maux que pouvaient le faire tous les soins qu'on leur prodiguait. « Oh! disaient-ils, que sont nos souffrances, qu'est notre mort? les tyrans ont fui devant nous, les ennemis de la justice ont disparu, que nous faut-il de plus? » Ces pensées, en donnant de la sérénité à leurs cœurs,donnaient plus d'efficacité aux remèdes et aux soins qu'on leur prodiguait.

Les blessés des ennemis reçurent aussi les mêmes secours. « Qu'on leur accorde les mêmes soins qu'à nos citoyens, disait Philantor; ils sont nos frères, et bien plus à plaindre que nous. Du moins, en combattant, nous avons la consolation de sacrifier notre repos, notre vie pour la défense de nos biens et de notre liberté; mais hélas! pour eux c'est tout autre chose! poussés par une force horrible, sacrifiés pour la défense des biens de leurs tyrans, obligés de forger le fer qui les enchaîne, que leur sort est déplorable! »

Les prisonniers furent aussi très-humainement traités ; à l'exception de quelques chefs supérieurs qui furent détenus, tous furent laissés libres et mêlés parmi les citoyens ; ils mangeaient ensemble, et là chacun racontait l'histoire de son pays : les républicains faisaient la description du gouvernement de leur république ; les Italiens et les Autrichiens, en se comparant, s'écriaient : « Que sommes-nous dans notre patrie ! ici vous n'avez d'autre maître que la loi fondée par la justice qui règne également sur tous sans distinction. Oh ! que chez nous il en va différemment ! Un monarque absolu qui donne son pouvoir à qui il lui plaît, et le plus souvent la flatterie le fait passer en des mains peu dignes ; il est en une sphère trop élevée pour être à même de voir et d'entendre la misère et les gémissements du peuple. »

« Nous, disaient les Hongrois, quoique dans une monarchie limitée, que nous sommes loin de la perfection qui existe parmi vous ! Chez nous le pouvoir se trouvant toujours dans le clergé et la noblesse, le peuple étant considéré comme une classe à part, il n'a pour lui d'autre apanage que celui d'être dupe. »

Ainsi chacun parlait selon la différence de son gouvernement ; mais les républicains se disposaient à poursuivre les ennemis, et Philantor fit rassembler tous les prisonniers et leur dit : « Vous avez été vaincus, vous êtes sous notre puissance ; mais vous ne serez pas traités comme l'on traite les ennemis, quoique vous ayez tourné les armes contre nous ; nous n'ignorons pas que vous étiez forcés d'obéir, quoique ce fut contre vos intérêts. Nous allons poursuivre nos tyrans, qui sont aussi les vôtres ; s'ils nous avaient laissés tranquilles, nous n'eussions eu garde de les attaquer pour forcer votre pays à prendre la forme de notre constitution, parce que nous tenons pour maxime que chaque peuple doit être libre de se donner des lois ; mais ils ont craint que la forme de notre gouvernement, tout en faveur du peuple, se répandît chez vous par contagion et au détriment de leur rang et de leur fortune. Vos souverains ont commencé la guerre ; si nous les laissions tranquilles, à tout moment ils seraient à recommencer les hostilités, de sorte qu'on nous a mis dans la nécessité de les terrasser ou de périr ; ce n'est pas en ennemis du peuple que nous entrerons dans votre pays, ce n'est que pour le protéger contre les tyrans qui les accablent ; notre ambition ne nous porte point à vouloir dominer sur aucun peuple ; sa liberté et son bonheur nous suffit.

« Vous avez déjà compris, avant qu'on vous le dise, que nos ennemis doivent être aussi les vôtres : je ne vous demanderai pas si vous voulez prendre les armes contre votre patrie, parce qu'en combattant avec nous vous allez travailler pour elle et à la délivrance de vos pères et de vos frères ; mais chacun de vous doit être libre. Voulez-vous prendre les armes ? allez vous faire inscrire parmi nos citoyens ; voulez-vous garder la neutralité, rentrez dans le pays, allez à Belgrade, là vous apprendrez ce que c'est que le devoir d'un vrai républicain ; voulez-vous retourner dans votre patrie? vous êtes libres aussi, nous ne craignons pas que vous alliez accroître les forces de nos ennemis, nous avons une grande confiance en la justice, et tôt ou tard nous vaincrons par elle. »

Ces paroles, prononcées sans emphase, mais avec cette candeur qui s'insinue et pénétrant l'âme ne laisse aucun doute sur les vérités proposées, fit un tel effet sur les cœurs des prisonniers, que tous s'écrièrent d'une voix unanime : « Qu'on nous donne des armes, qu'on nous mette au rang de vos citoyens, et nous courons combattre les tyrans ! »

Cependant Philantor trouva qu'il serait à propos que quelques-uns retournassent dans leur patrie, et que les idées qu'ils y répandraient seraient d'un plus grand secours à la République que la force de leurs armes. D'après l'avis du consul, quelques-uns partirent, mais dans le dessein de se rendre utiles à la liberté commune.

Quelques prisonniers étant ainsi partis, les républicains se mirent à la poursuite des ennemis, et, quoique moindres en nombre, ils les poussèrent avec force. Partout sur leur passage ils présentaient la forme de leur gouvernement que le peuple adoptait avec enthousiasme, et bientôt on vit la Hongrie, la Transylvanie transformées en république; les armes républicaines furent portées sur l'Autriche avec avantage.

Cependant, tandis que Philantor gagnait du terrain et faisait des prosélytes, les Russes, d'un autre côté, s'avançaient vers la petite Tartarie pour porter leurs armes contre la République. A cette nouvelle, le consul laisse une partie des troupes au général Morino, afin qu'il puisse se soutenir dans les pays déjà conquis, et il marche avec le reste de son armée à la rencontre des Russes; il les atteignit à Braclaw, et, après un combat très-sanglant, il les défit et poursuivit leurs débris. Les républicains étaient partout vainqueurs, soit par la force de leur courage, soit en raison de leur belle constitution qui, dès qu'elle était connue, entraînait les peuples, et les empêchait d'opposer une forte résistance contre ceux qui semblaient courir la terre pour répandre dans les sociétés l'égalité et le bonheur. Enfin les armées russes furent chassées jusqu'à l'extrême nord de la Russie, et plusieurs grandes contrées ayant embrassé le système républicain, cette nation n'inspira plus aucune crainte.

XVII.

Discours de Philantor au peuple; réflexions sur la véritable grandeur.

Après tous ces glorieux triomphes, Philantor tourna ses pas vers la Pologne et la Prusse; mais voyant que ces puissances ne demandaient autre chose que d'embrasser le système républicain, il laissa le commandement au général Renaud, et se dirigea lui-même vers l'Italie pour y établir le nouveau gouvernement.

L'Italie était soumise lorsque le consulat de Philantor expira. Après de si grands succès, les républicains délivrés de toute crainte, n'ayant plus d'ennemis, et regardant Philantor comme le libérateur de la patrie, lui prodiguèrent toute sorte d'honneurs. Dans leur enthousiasme ils voulaient le continuer au consulat; Philantor refusa leurs offres et leur parla ainsi : « Citoyens, je rends grâce à votre zèle, à votre amour pour la patrie; tous ces excès de reconnaissance à mon égard ne sont autre chose que l'expression de votre amour pour la constitution qui nous rend tous frères et nous donne tous les avantages de la société. Vous voudriez, dites-vous, me continuer au consulat en disant que vous me devez votre salut et que je suis le seul digne d'occuper un tel poste; oui, j'ai fait mon devoir autant qu'il a été en moi, je me suis dévoué tout entier à la patrie, mais avec tout cela je n'ai rien fait au-delà de ce que je devais faire; mais vouloir me continuer les fonctions de ma charge, y pensez-vous? avez-vous oublié que si nous pouvions suspendre une fois l'exécution de nos lois, c'en serait fait de notre patrie et de notre liberté; la reconnaissance est faite pour plaire aux âmes généreuses, mais lorsque ses excès peuvent nuire au droit public, l'homme de bien doit s'y refuser. Vous dites que vous me devez votre salut, dites plutôt que vous le devez à cette constitution qui a rempli le cœur de nos citoyens de cette justice, et qui en se répandant parmi nos ennemis nous faisait trouver les conquêtes faciles. Vous m'attribuez toute la gloire de la réussite; mais si je n'avais été secondé par des citoyens qui avaient autant que moi l'amour de la patrie et de la liberté, avec tous les talents du monde je n'eusse abouti à rien.

« On attribue tout à moi, tandis qu'il faudrait presque un éloge particulier à chaque citoyen. En voulant me continuer le consulat, il vous semble que vous ne trouverez plus d'hommes capables de vous commander; ne vous tourmentez point sur les hommes à talents; plus de cent seront capables de remplir dignement le poste que j'occupe, sachez-le bien; les hommes à talents ne manqueront jamais dans une nation où les lois les font ressortir de toutes les classes.

« Je vais descendre sans peine au rang de simple citoyen, rang d'où, pour ainsi dire, je n'étais jamais sorti. Quoique dans une position élevée qui semblait me séparer de vous, je n'ai jamais cessé de vous voir de près et d'être comme confondu dans toutes les classes; si j'avais eu d'autres sentiments, j'aurais été indigne de vos suffrages. La gloire d'avoir rendu des services à la patrie ne saurait se flétrir en descendant parmi vous; ce serait le contraire si j'avais eu l'audace de vouloir garder, en dépit des lois, ce rang éminent où vous m'avez placé : c'est alors que je serais indigne de tout honneur et ne mériterais que l'infamie. Ceux qui se figurent que ce doit être une grande peine de descendre lorsqu'on a été élevé si haut, ne sont point pénétrés du véritable esprit de notre constitution; ils ne sont pas assez débarrassés de cet intérêt personnel qui leur crie : *tout à moi.*

« On se trouve bien dans tous les rangs lorsque d'esprit on ne s'en est point séparé; le citoyen qui aime à remplir ses devoirs envers la patrie ne trouve aucun rang indigne de lui.

« Si toutefois, quelques-uns par excès d'enthousiasme et de reconnaissance ont donné leurs voix pour la continuation de mon consulat, je rends grâce à notre constitution, qui, malgré eux et malgré les troupes, m'empêche d'y adhérer, parce que les grades qui sont derrière moi, poussés par ceux qui les suivent, et ainsi de suite jusqu'aux simples citoyens, jouissant du même droit aux suffrages et au commandement, forment cette roue qui tourne, monte et redescend, semblable à ces astres lumineux qui, dans leur rotation excitée par leur force invincible, conservent un mouvement éternel et régulier. Ainsi cette chaîne de gradation, cette roue poussée et attirée en même temps par une force irrésistible, auront un mouvement durable comme le monde. »

Il faut dire en effet qu'avec un grand génie et des talents supérieurs, Philantor possédait les vertus sociales au suprême degré. Comme grand homme de guerre, il sut vaincre les ennemis de la liberté; et après avoir rendu à certains peuples les droits que des usurpateurs leur avaient ravis, comme grand politique il sut raffermir ces droits sur des bases justes et solides. Mais ce qu'il y a de plus admirable en lui, ce n'est pas d'avoir su vaincre les rois en donnant la liberté aux peuples, c'est, après avoir rendu de grands services à sa patrie et à tant d'autres nations qui le regardaient comme leur libérateur, et dont le grand enthousiasme aurait voulu lui prodiguer les honneurs divins en récompense, c'est d'avoir été insensible à toutes les amorces, et d'avoir su trouver dans le désintéressement une grandeur encore plus éclatante. Il sut en ami sincère de la liberté descendre sans efforts, ou pour mieux dire avec plaisir, d'un rang dont il savait que la continuité aurait pu nuire à la liberté commune.

Enfin, quand on voit de pareils personnages, qui se sont dévoués sans aucune réserve au bien général, satisfaits dans le seul bien qu'ils ont rendu à la société, on ne saurait leur refuser ce sentiment d'admiration qui élève et glorifie les grands hommes.

Mais que ce nom de *grand* que Philantor a mérité par excellence se trouve prodigué à des personnes indignes de ce titre ! La classification de grand homme ne devrait s'entendre que selon que les grandes facultés se dirigent vers le bien général ; car si l'on entend par grand tout ce qui est supérieur, alors on est grand dans quelque profession que ce soit, puisque l'on est au-dessus des autres dans son art : par les grands crimes on peut acquérir le nom d'un grand scélérat, mais le titre de grand homme ne saurait être appliqué à celui qui détériore la société.

Le bien est l'objet de nos recherches, comme le mal l'est de notre aversion; celui donc qui a de grands moyens et qui les dirige le plus vers le bien de la société, doit acquérir le plus de gloire et de vraie grandeur. Mais malheureusement, et par un préjugé barbare, la vraie grandeur se trouve parfois mal entendue, on s'empresse souvent à donner le nom de grand à qui ne mériterait qu'opprobre et mépris.

Le titre de grand homme peut s'acquérir dans plusieurs professions, mais selon qu'elles sont plus ou moins en faveur du bien social. De toutes les professions, celle qui a donné le plus de force et d'éclat aux grands noms, c'est le métier des armes. Dans tous les temps les peuples semblent avoir donné la primauté aux talents d'un grand capitaine; mais si le grand guerrier l'a obtenue, c'est qu'il paraît fait plus que tout autre pour protéger les biens les plus chers : la vie et la liberté. En effet un ennemi s'avance, il menace d'enlever les biens, la liberté, la vie ; à son approche tout tremble, la frayeur, le désespoir s'emparent des esprits ; alors dans cet abattement et cette consternation il se trouve une main hardie qui de son courage ranime et enhardit ses concitoyens par son adresse et ses talents; il dirige et déploie leurs forces, et l'ennemi est abattu. Après ces grands services rendus à la nation et à lui-même, quels éloges, quels honneurs ce grand citoyen ne mérite-t-il pas ! et surtout s'il a assez de vertu pour trouver sa récompense dans le bien qu'il a produit. Oui, alors qu'on l'honore, qu'on l'élève, il mérite le nom de grand.

Plus le mal que l'on redoute paraît menaçant, plus la reconnaissance se porte vers la main qui le détourne; et comme rien ne paraît plus terrible et plus effrayant que de perdre sa vie ou sa liberté, dans tous les temps un chef qui a su conduire à la victoire pour prévenir de si grands maux a été le premier en honneur et le plus honoré; dans tous les temps les guerriers qui ont su préserver de l'esclavage où pouvait réduire un ennemi vainqueur, ont attiré les plus grands éloges; les peuples souvent semblaient ne pas trouver des expressions assez fortes pour exprimer leur reconnaissance; c'est de là que les héros, les chefs des premiers temps, ont été parfois élevés au-dessus des mortels. Oui, c'est à cet enthousiasme de reconnaissance pour les défenseurs de la liberté que l'on peut attribuer une des causes premières qui peupla l'Olympe de dieux et de demi-dieux.

Les peuples applaudissaient aux chefs qui conservaient leur liberté en les conduisant à la victoire; jusque-là tout était bien; plus tard on applaudit aux victoires d'un conquérant, parce que l'on y avait applaudi lorsque les victoires était un garant de la liberté. On ne s'apercevait pas que trop s'abaisser pour élever les chefs, et trop leur céder, c'était subir leur domination, et les porter à comprendre dans la suite parmi leurs conquêtes ce même peuple dont ils s'étaient montrés les défenseurs; en sorte que l'amour excessif et déréglé de la liberté enfanta la reconnaissance outrée, et la reconnaissance sans discernement introduisit le préjugé de la fausse grandeur, d'où dériva l'esclavage.

Le peuple se laisse séduire par les faits qui donnent de l'éclat, sans considérer si cet éclat tourne à son profit ou à sa perte. Par une fausse éducation l'on nomme également *grands* les personnages qui se disputent l'honneur de commander au peuple, et qui semblent n'avoir d'autre but en se l'arrachant que de le déchirer et le ballotter. Alexandre fut surnommé le grand. Quel bien a-t-il fait à la société pour mériter ce titre? Il ambitionne le nom de conquérant, et voyant les conquêtes que faisaient son père, il disait avec chagrin : Il ne me laissera rien à conquérir. Ce mot seul peut faire penser ce qu'il prépare à sa patrie ainsi qu'à ses voisins. Animé par l'ambition de cette folle gloire, il rassemble un certain nombre de soldats, il part, et jaloux qu'un peuple soit esclave sous un autre que lui, il va porter la guerre, il va ravager, incendier des villes, commettre des cruautés, pour arracher la proie à d'autres tyrans, moins tyrans que lui. Un seul but aurait pu justifier Alexandre, c'eût été d'aller briser le joug des peuples asservis et d'introduire de nouvelles mœurs, des mœurs capables de mettre les peuples en garde contre les tyrans ; mais, bien loin de songer à porter une réforme pour en obtenir une meilleure organisation, lui et ses troupes adoptent les vices des vaincus, et les Grecs semblent s'être transformés en Persans ; ce qui contribua beaucoup à accélérer la décadence de la Grèce.

Non, ce n'était pas le bonheur des peuples qu'il cherchait ; en faisant ses conquêtes, il voulait remplir l'univers de son nom, et par une gloire bien déplorable, il aurait voulu être le seul à qui les honneurs fussent rendus, il aurait voulu être adoré ; il poussa la démence jusqu'à vouloir passer pour un Dieu.

Homme petit et vain, insensé, qui ne s'aperçoit pas qu'il manquait en bien des cas des vertus pour passer pour un homme!

Voilà ce que sont la plupart de ces conquérants; à force de vouloir être plus que les autres hommes, ils s'égarent, et deviennent les plus méprisables aux yeux de la saine raison. Oui, c'est par le préjugé de la fausse grandeur que les peuples gémissent dans la servitude. César, Louis XIV et Napoléon et tant d'autres, ont été nommés grands, et pourquoi? Est-ce par le bien qu'ils ont fait? non, au contraire : c'est parce qu'ils ont su faire plus de mal. César, pour s'emparer d'un pouvoir que les Romains lui disputent, entretient des guerres civiles et étrangères, et des milliers de victimes sont sacrifiées à sa funeste ambition. Louis XIV, pour obtenir cette fausse gloire de conquérant, suscite plusieurs guerres injustes, et du temps que ses courtisans le nomment le grand des grands, sa patrie est en proie à l'oppression et à la misère. Napoléon s'empare d'un pouvoir contre lequel il a combattu, et par ce pouvoir usurpé il saccage l'Europe et désole sa patrie. Mais, dira-t-on, ces personnages étaient des grands génies, plusieurs faits prouvent qu'ils avaient même des vertus. Je le crois, et c'est ce qui les rend plus condamnables; il eût mieux valu qu'ils eussent été complétement des scélérats. Il vaudrait mieux un Caligula qu'un César, un Robespierre qu'un Napoléon.

Ces destructeurs de l'espèce humaine n'avaient pas tant de contrepoids pour parer à leur scélératesse;

ces monstres pouvaient mieux par leurs horreurs faire sentir et rappeler au peuple que le bonheur des nations ne peut exister que sous l'empire des lois qui donnent la liberté et l'égalité. Oui, ces infâmes proscripteurs sont moins à craindre parce que le préjugé des proscriptions particulières n'est pas aussi bien reçu que le préjugé des proscriptions générales, que les proscriptions de ceux que l'on nomme conquérants, qui brisent les peuples les uns contre les autres, et dont on a trouvé l'art affreux de faire dire aux malheureux qui se déchirent en rivant leurs fers, que c'est de la gloire. Quoi! de la gloire d'être le jouet et le vil instrument de la haine et de l'ambition de quelque turbulent! Gloire infâme! non, non; point de vraie gloire pour le peuple à combattre, s'il ne combat pour sa liberté; point de vraie grandeur dans les héros, s'ils ont d'autre but en bravant les dangers, que la liberté et l'égalité.

Sans doute, pourrait-on objecter, un des plus grands vices de la société, c'est d'applaudir à ceux qui nous donnent des fers, car c'est vouloir en perpétuer la durée; mais ce préjugé est bien difficile à détruire. Dans une nation, il faut des lois, et nécessairement il en faut confier l'exécution à quelqu'un, sans être sûr d'un bon choix, car tous promettent beaucoup en entrant en charge; et quand le choix serait bon, la vertu de l'homme est si fragile qu'elle chancelle facilement, surtout dès qu'il peut la montrer de trop haut. Celui qui est à la tête des lois n'en devrait être que l'organe. Celui qui commande ne devrait être qu'un chef de ses égaux ; mais ce pouvoir qui ne devrait appartenir rigoureusement qu'à la loi est bien facile à usurper, et se confond dans celui qui en est investi. En effet, il faudrait être bien fort dans la vertu, pour ne pas s'approprier un pouvoir qu'à tout moment l'on vous offre. Ceux qui sont au pouvoir sont le plus souvent entourés de ces esprits mercenaires qui prodiguent avec profusion le pouvoir et la grandeur, afin qu'il puisse mieux en retomber quelque lambeau sur leurs âmes avides ; le grand éclat qu'ils donnent aux actions de leur maître frappe la multitude, qui, faute d'examen, ou par ignorance, se laisse entraîner à leurs grands cris, et semble les justifier en donnant à son tour la grandeur à celui qui méprise le peuple et le précipite dans l'abîme.

A cela on peut répondre que si ce préjugé est bien difficile à détruire, c'est surtout en laissant trop longtemps le pouvoir dans la même main ; car l'habitude de voir la force dans le même individu fait que l'on ôte les attributs à la loi, pour les donner à celui qui n'en doit être que l'organe. Pour obtenir une bonne organisation sociale, on a besoin que les vertus soient souvent passées au crible, afin qu'elles s'épurent et qu'il ne reste que ce qu'il y a de bon pour commander aux hommes. Pour obtenir ce résultat, il faut passer par la mutation des grades, et tout fonctionnaire, serait-il un ange, ne doit pas faire exception à la règle, puisqu'il est certain que la longévité de pouvoir dans le même citoyen corrompt la vertu et devient funeste à la liberté commune.

XVIII.

Adoption de la nouvelle République en plusieurs pays; réflexions sur le bonheur que procure la fortune.

Enfin tous les peuples chez qui les républicains avaient porté les armes furent jaloux d'embrasser la forme de leur gouvernement. Comme eux on adopta la taxe aux fortunes et la mutation des grades fut proclamée. Comme eux aussi l'on n'exagéra pas les honoraires des employés. Le premier consul de la nation nulle part ne dépassait guères 20,000 francs pour son année consulaire; les premiers grades, après lui, en avaient dix mille, et ensuite les soldes diminuaient peu à peu selon les emplois.

Quelques-uns de ceux qui sont habitués aux excessives dépenses peuvent trouver ces taxes un peu modiques, mais, il faut l'avouer, ce ne peut être que ceux qui veulent vivre aux dépens des malheureux, qui peuvent parler ainsi. Quoi! il faudra des centaines de mille francs à certains individus, il leur faudra des millions, tandis qu'une multitude de citoyens croupissent dans la misère! Oui, mais cependant, ceux qui semblent être nés pour gouverner les hommes, ces êtres privilégiés auraient de trop médiocres revenus, conformément à leur rang et à leur emploi. Ils ne pourraient pas jouir d'une assez belle portion du bonheur au-dessus du commun, par les dépenses que les grandes rentes autorisent; car le bonheur doit s'accroître à proportion de la grandeur de la fortune ; il faut bien le croire, puisque l'on fait tant d'efforts pour marcher après elle ; tout est mis en œuvre, tout est bravé par ceux qui veulent l'atteindre, la justice est méprisée, et souvent elle meurt entre leurs mains.

Cependant, dira-t-on, pour vivre avec le simple nécessaire, il faut bien peu de chose ! oui, mais là il n'y a point du bonheur, et cette condition n'est point enviée. Celui qui a mille francs de rente possède une légère portion du bonheur, parce qu'il peut quelquefois prendre quelque peu de plaisir à la mode des gens heureux ; celui qui a deux mille francs de rente, possède une plus belle portion de ce bonheur tant recherché, et ainsi de suite, le bonheur allant croissant comme la fortune. Quelle portion n'en possède-t-il pas, celui qui à cent mille francs de revenu ! Voyez quel bel attirail, et comme tout brille ! voyez tant de gens à sa suite pour lui procurer le bonheur ! comme il est heureux ! mais celui-ci qui a des millions à dépenser est bien plus heureux encore. Voyez quelle puissance sur ce grand peuple ! considérez cette foule rampante qui se presse de toute part pour lui prodiguer la félicité ! Oh ! comme il est heureux ! il est heureux comme un roi !

Voilà tant de bonheur pour certains individus, tandis que dans la même société il y en a un si grand nombre qui en sont totalement dépossédés ; ce sont donc des usurpateurs qui s'emparent de tout le bonheur au détriment de la multitude. Mais heureusement ce bonheur que l'on cherche à ravir avec tant d'empressement et de cupidité, n'est guère au pouvoir des avides humains : on peut parfois arracher le bonheur d'autrui, mais tout en causant des maux l'on n'augmente pas pour cela la portion ainsi obtenue. Une main toute-puissante a posé une loi invincible, et a dit à tout avide usurpateur: Arrête, tous tes efforts sont impuissants; c'est en vain que ton insatiabilité voudrait dépouiller le monde entier pour grandir un bonheur qui te fuit; malgré tout ton acharnement à vouloir t'en emparer, tu n'en posséderas pas une plus belle partie que le dernier des individus; tu pourras en imposer au commun des hommes par un brillant dehors, mais non par la réalité.

En effet, le bonheur n'est réellement stable nulle part : la mesure en est donnée, et malgré tous ses efforts l'homme ne la dépassera pas; il aura beau chercher dans son imagination tous les objets qui semblent le mieux le lui promettre, il verra toujours que dans la possession le bonheur disparaîtra et n'aura de réalité que dans l'imagination de ceux dont il sera envié; il aura beau s'adonner sans réserve à toutes les jouissances que les grandes fortunes promettent, il verra toujours que plus il voudra accélérer sa félicité, plus il sera contraint de battre en arrière, et de tomber dans le dégoût.

Nos sens ont besoin de respirer, et le plaisir renaît de son absence.

L'habitude tend toujours à nous rendre insensibles; quelquefois même, par trop de jouissance, on tombe dans l'aversion des objets qui ont le plus paru faits pour notre félicité. Un bonheur sans mélange ne peut pas exister, puisqu'il ne peut naître que de son absence, et ce mélange est forcé de se ratifier dans toutes les conditions; d'où vient pourtant que l'on semble voir presque autant d'inégalité dans le bonheur que l'on en voit dans les fortunes, tandis que la compensation marche de si près? Vous qui semblez voir le bonheur dans la bonne chère, vous dites de ceux qui en ont tous les jours en abondance: Ah! qu'ils sont heureux! Vous croyez que ces gens-là y prennent le même plaisir que vous, et vous ne pensez pas que le grand plaisir que vous y éprouvez vient de ce que vous y touchez rarement et faiblement; en leur attribuant la même sensation que vous y goûtez, vous ignorez que la grande habitude leur a fermé l'entrée à ce grand plaisir dont parfois votre goût est atteint; l'abondance des mets leur a émoussé le goût: aussi les voit-on souvent, malgré le tourment que se donnent les cuisiniers, mâcher quelques bouchées de ces ragoûts délicats et les remettre dans leur assiette en disant: Cela ne vaut rien. Oh! que si le goût de ces messieurs n'était pas plus usé que le vôtre, vous qui mangez ce mauvais pain noir, le cuisinier n'aurait point de reproches. Si ces grands seigneurs vous voyaient parfois dévorer votre pain de *métis* ou de seigle avec un oignon cru ou quelque autre bagatelle assaisonnée par le grand appétit, qui dérive de l'exercice et de la frugalité; s'ils voyaient avec quelle avidité vous croquez vos mets grossiers, et qu'ils fussent capables de réflexion et de jugement. Ils savourent, diraient-ils, un plaisir plus grand que nous n'en prenons dans les mets les plus friands et les plus recherchés. Mais ordinairement ceux qui sont émoussés par trop de recherches pèchent par la même raison que ceux qui ne le sont pas. En imaginant vos maigres repas l'on vous plaint peut-être, et l'on dit de vous : Qu'ils sont malheureux ! à leur table ils n'y a point de plaisir ! Ils ne pensent pas que par l'habitude les sens se fatiguent, et qu'involontairement, malgré toutes les recherches du monde, il faut retomber dans la compensation.

Mais pourtant le luxe plaît à la vue, son éclat en impose, le bonheur lui paraît attaché, et il semble qu'on peut autant augmenter son bien-être que l'on peut en étaler davantage. Ceux qui peuvent faire parade d'une grande magnificence sont donc plus heureux. Oui, mais comme ce bonheur réside plus dans l'imagination de celui qui ambitionne le grand étalage que dans celui qui en jouit, cela fait que l'on doit peu compter sur la belle apparence.

On faisait compliment à une demoiselle sur quelques bijoux qu'elle possédait, on la disait très-heureuse d'avoir pu se les procurer : Oui, répondit-elle, je les ai bien désirés, j'ai gémi, j'ai pleuré, afin de les obtenir; à présent que je les ai et que je puis en jouir, je n'y fais pas plus d'attention qu'à rien du tout.

Il en est ainsi de toutes les frivolités : le bonheur ne réside pas précisément chez celui qui les possède, mais seulement dans l'imagination de celui qui les désire. Le luxe est une mer sans fond ; c'est un fantôme de bonheur qui disparaît aussitôt qu'on croit le toucher.

Cependant, dira-t-on, malgré votre mépris pour les grandes richesses et tous les agréments qu'elles semblent promettre, vous qui parlez de compensation, considérez celui qui a besoin de travailler sans relâche afin de gagner un peu de pain pour lui et sa famille, et qui n'ose prendre un moment de repos dans la crainte de manquer de subsistance : pensez-vous sa condition équivalente à celle des oisifs qui n'ont qu'à remplir leur estomac, à digérer et à prendre le plaisir du repos? si vous voulez soutenir une pareille absurdité, pas un seul ne sera de votre avis. Je le crois; cependant je pense aussi qu'il y a peu de personnes sages et modérées, aimant le travail, qui ne puissent subsister. Mais s'il y en a qui malgré leur pénible labeur manquent de subsistance, comme il pourrait y en avoir, alors cette condition n'est point des meilleures.

Mais vous aussi qui parlez de plaisir, de repos, pensez-vous que le travail soit si nuisible au bonheur de l'homme, que l'on ne puisse pas comparer cette condition avec les plus hautes fortunes? Non, la condition du travailleur n'est pas si malheureuse que plusieurs le croient. Celui qui travaille se fatigue sans peine en songeant que de son travail il en ressortira de quoi se nourrir, et quelquefois un petit surplus soit pour sa réserve ou ses plaisirs : occupé à son ouvrage, l'ennui ne saurait l'atteindre, car toute vie active ne peut être un fardeau.

Quant au plaisir du repos, c'est seulement à celui qui travaille qu'en appartient la jouissance ; celui qui se repose toujours ne saurait guère le ressentir. Cependant, il arrive souvent, et faute de réflexion, que ceux qui ressentent le plaisir du repos, estiment heureux ceux qui par leur inaction se sont fermé l'entrée de cet agrément. Ils pensent que le plaisir du repos, pris après le travail, est commun à tous. Mais c'est une erreur : une trop longue pause, au lieu de donner du plaisir, engendre plutôt le poison de l'ennui. Aussi l'on a remarqué souvent que le domestique est plus heureux dans ses occupations que son maître dans son indolente inaction. Oui, l'homme a besoin d'agir, de se remuer, et le bonheur ne saurait ressortir d'un repos trop continuel ; le contre-poids de la vie active donne du piquant à l'existence et en fait goûter les plaisirs.

Sans doute la condition de l'indigent est malheureuse ; toutefois elle ne l'est pas surtout en ce qu'il manque souvent du nécessaire, puisqu'il a en compensation un plaisir plus vif aussitôt que le nécessaire lui revient ; mais l'indigent souffre d'autant plus en manquant de tout, qu'il songe à ceux qui, dans cette société d'hommes dont il fait partie, regorgent dans l'abondance ; voilà son plus grand mal.

Dans une fortune modérée l'homme peut jouir de la vie, autant que ses facultés le permettent ; mais son insatiabilité le porte souvent à vouloir jouir au-delà du possible. Pourtant il devrait le savoir, quelle que soit sa position, il ne peut goûter un bonheur sans mélange, et par conséquent il devrait savoir aussi se fixer. Mais il admire, il veut une condition supérieure à celle dont il jouit ; il y est arrivé, est-il content? Non, le bonheur qu'il croyait y trouver, à son approche il n'était déjà plus. On croit alors l'apercevoir plus haut; on fait des efforts pour y monter, en entassant les dépouilles des misérables; et parvenu à la grande fortune au détriment de cette troupe indigente et malheureuse (car, dans les pays où il y a le plus des fortunes colossales, c'est là aussi où il y a le plus de nécessiteux), arrivé au sein de l'opulence et lorsque l'on a tout pour se rassasier, on est dégoûté de tout, on ne jouit de rien, et l'on se trouve encore misérable dans la plus grande abondance. En dépassant les bornes de la modération, les facultés propres au bonheur se sont usées. N'en doutons pas, si la compensation n'existe pas entièrement dans toutes les conditions, c'est par les deux extrêmes qu'elle manque, et par conséquent les grandes fortunes sont une source de malheurs. L'homme est insatiable, et il a besoin d'un frein; sa liberté, son bonheur en dépendent. Plus il monte vers la fortune, plus il s'égare, et à force de vouloir sa félicité, il engendre son malheur et celui de l'humanité. L'histoire est trop pleine de ces exemples pour qu'il soit nécessaire d'en donner des détails. Cette illimitation dans les grandes fortunes a toujours fait les malheurs des nations.

Gloire soit donc rendue à cette constitution qui,

en mettant des bornes à l'avidité, fait le bonheur de ceux dont elle modère la richesse, en sauvant du malheur tant d'infortunés qui croupiraient à leurs pieds.

XIX.

Origine du gouvernement républicain.

On s'est demandé souvent quelle forme de gouvernement avait premièrement régi les hommes, de la république ou de la monarchie. Quelques-uns ont supposé que des hommes isolés, sauvages et d'une indépendance absolue, auraient senti le besoin de s'unir, et, en se réunissant, auraient tout-à-coup cédé leur liberté sans bornes, pour se ranger sous la volonté d'un seul. On a beaucoup imaginé pour établir ce système; mais les savants, dans leurs recherches, n'ont rien constaté à cet égard, sinon qu'ils ignoraient que dans la nature tout marche graduellement.

Entre autres preuves que l'on donne pour établir l'antériorité de la monarchie, on cite le droit patriarcal. Remontant en idée au berceau du genre humain, considérant la première famille, on voit dans le père un chef, un roi, et les fondements de la première monarchie sont fondés. En effet le père a des enfants; ils naissent faibles et incapables de subsister sans secours; le père y pourvoira, il leur procurera de quoi vivre, il les conduira, il leur enseignera les moyens les plus faciles pour se procurer leur nourriture; jusque-là, il pourra bien parler en roi, quoique leur intérêt ne l'exige pas, car les pères voulaient, dès l'origine, que les enfants subsistassent, et les enfants voulaient subsister. Mais plus tard, les enfants étant devenus grands et forts comme le père, ils auront les facultés de subsister avec les fruits communs de la nature. Il s'agira d'une guerre (première nécessité des sociétés naissantes) soit pour abattre des bêtes féroces, soit pour prendre une proie utile à la nourriture, ou enfin combattre d'autres familles ennemies; pensez-vous que, pour les faire marcher, leur père, leur chef, leur parlera en despote, en roi, comme l'on dit communément. Non, ayant la force et l'intelligence comme le père, ils pourront le reconnaître pour chef; mais ils se sentent égaux et indépendants comme lui. Rien ne plie dans la nature sans une force quelconque; quelle force le père aura-t-il pour courber ses enfants sous son joug? Les menacera-t-il de leur enlever le patrimoine? Ils ont l'univers devant eux, et comme leur père ils l'ont en partage. L'habitude d'être sous la volonté du père pendant l'enfance, dira-t-on, sera cette force; dans ce cas, il faudrait convenir que les hommes ne peuvent pas engendrer des êtres qui leur ressemblent quant à la force et à l'intelligence, et que les lions enfantent des agneaux. Mais disons plutôt que, la force et l'intelligence une foi acquises, les enfants se sentent égaux au père. Dans l'état de nature, les pères ne cherchent pas à assujettir leurs enfants à un joug qu'eux-mêmes ne peuvent sentir ni reconnaître; au contraire, ils leur donnent l'exemple de l'indépendance, et le besoin commun est la seule force qui les réunit. Le père ne leur parlera donc pas en despote, il ne leur parlera pas en roi, il sentira que ses enfants sont égaux à lui, et il se concertera avec eux comme avec ses égaux ; c'est un besoin mutuel qu'ils comprendront, qu'ils sentiront comme le père.

Lorsque les membres agissent de concert et qu'un commun besoin les rallie, c'est le gouvernement populaire, et la démocratie a ainsi existé chez les nations naissantes ; ainsi le gouvernement républicain se trouve constitué dans la première famille ; plus tard les familles se multiplient, plusieurs se réunissent, chacune a son chef ; mais, sur ce nombre des chefs, un aura plus d'influence, on le croira plus digne, en un mot il aura la primauté; mais parce qu'il aura été élu, aura-t-il le droit de trancher en maître ? Non, il est contre nature que des hommes, des chefs, d'une indépendance absolue, se courbent tout-à-coup sous la volonté d'un maître ; il n'y a que le besoin commun qui puisse les faire marcher.

Dans les premières peuplades ou nations naissantes, quel pouvait être le pouvoir des rois ? le voici : dans les assemblées nationales où les chefs des familles assistaient, ainsi que leurs enfants les plus capables, tous avaient voix délibérative, le roi donnait son avis comme le reste de la nation. S'agissait-il d'une guerre soit contre les bêtes féroces, soit contre d'autres peuplades, le roi commandait moins la troupe qu'il ne donnait son exemple à suivre ; car, dans les premiers temps, l'art de combattre en ordre devait être ignoré. Il marchait donc en avant, il déployait sa force et son courage en criant de l'imiter; étaient-ils vainqueurs, on célébrait, on exagérait la puissance du chef, comme s'étant le plus distingué. Dans le fait, cette puissance n'était autre chose que courage, force et adresse, déployés d'individu à individu. Les choses ayant changé, on suppose aux rois primitifs, comme à ceux d'aujourd'hui, la puissance sur des sujets dont il ne pouvait pas être question.

Le gouvernement populaire fut premièrement et nécessairement celui des premières peuplades. Dans les nations naissantes, si les chefs ou rois avaient eu la manie de s'approprier un pouvoir et les bénéfices qui marchent à sa suite, tel qu'on se l'imagine aujourd'hui, aucune société n'aurait pu exister; si l'empiétement avait été mis en pratique au berceau des sociétés, les nations, presque aussitôt détruites que formées, auraient fait vivre les hommes épars, comme les tigres et les ours; les oppresseurs, abandonnés ou mutilés, auraient été éternellement séparés des autres hommes. Mais une voix puissante sut les réunir, voix plus puissante que le pouvoir des rois : le besoin mutuel fut cette force et cette loi première qui commanda aux sociétés naissantes.

Les nations, en naissant, étaient pauvres, l'agriculture ignorée ou très-imparfaitement connue, ainsi que le prouve l'état des arts qui en facilitent l'exercice. De cette pauvreté résulte l'égalité et de l'égalité dérive nécessairement la liberté; où l'égalité des fortunes règne, les âmes ne peuvent être vénales, et un chef ne peut les plier à son avis qu'autant qu'il peut leur faire sentir qu'il travaille pour le bien commun.

La puissance des rois n'a pu s'établir qu'après que les nations ont connu le superflu, qui, bien distribué, devrait faire l'aisance, le bonheur et la gloire des nations, et, mal proportionné, ne sert qu'au malheur et à la honte d'enfanter des esclaves.

Mais, dira un apologiste des monarchies, comment soutenir que la démocratie a premièrement régi les hommes, quand, 754 ans avant l'ère chrétienne, il n'avait encore paru aucune république dans le monde? On sait cela, et c'est encore une preuve que le gouvernement républicain a existé dans les premières sociétés. Un peuple libre doit-il demander la liberté, peut-il même y penser? Non, ce ne peut être qu'après l'abus du pouvoir, que le mot république a pris naissance. Si l'esprit despotique ne s'était point manifesté, jamais le nom de république n'aurait existé, parce que les premiers chefs des peuplades ont été nommés rois, quoique ces peuplades fussent une société d'hommes indépendants, et que ces rois n'eussent d'autorité que celle d'un chef entre leurs égaux, et parce que l'on croyait leur pouvoir utile à l'intérêt de la nation. Dans la suite des temps, le pouvoir des rois s'étant accru jusqu'au despotisme, quelques-uns ignorant cette longue suite des siècles, dont le temps a obscurci l'histoire, et apercevant plusieurs nations sous l'ordre des despotes, on a cru qu'elles y étaient nées.

L'usurpation du pouvoir s'étant établie sous le nom des rois, la royauté devint odieuse et fut bannie comme incompatible avec un gouvernement libre. Mais le nom donné au chef ne fait rien à la chose, c'est le pouvoir qui y est attaché. Les premiers rois de Rome ancienne et d'Athènes, les juges d'Israël, dirigeaient des gouvernements très-populaires. La France même, comme on peut le voir dans Boulainvilliers, Robertson et autres auteurs, fut sous les rois de la première race une vraie république. On peut juger du pouvoir des rois d'alors par ce fait : Clovis, le plus puissant roi de la première dynastie, ayant enlevé un vase à l'église de Reims, et voulant le rendre, il supplia son armée de le lui accorder ; un soldat lui répondit, en déposant sa francisque sur ce vase : « Tu attendras, dit-il, de voir ce qui te doit revenir pour ta part. » Le roi en fut choqué, mais n'osa le punir sur-le-champ, craignant le mécontentement de la nation s'il agissait ainsi pour sa cause personnelle ; il l'épia et se vengea l'année suivante, en le punissant pour n'avoir pas eu ses armes en règle.

La République a premièrement régi les nations, et elle y reviendra, non pas sans armes comme dans sa première simplicité, et sujette à devenir la proie des perfides usurpateurs, mais pleine d'une force acquise par l'expérience de tant d'horreurs et de vexations, essuyées de la part des despotes et des ambitieux. Les chutes de tant de nations tombées et retombées enseigneront aux peuples l'art de trouver cet équilibre pour marcher d'un pas assuré. Une foule de grands hommes ont parlé de la république comme du gouvernement le plus parfait; mais, tout en la défendant, ils déplorent le sort des nations de ne pas savoir la fixer parmi elles. Trop prévenus contre l'impuissance des hommes, ils semblent les défier de trouver un moyen pour former un gouvernement juste et permanent. La république, disent-ils, n'est pas faite pour tous les climats ni même pour tous les temps; les pays chauds lui sont contraires, et le temps la vieillit et la fait mourir,

Quand Rome n'aurait eu ni un César ni un Auguste, dit Montesquieu, il fallait qu'elle tombât sous le despotisme, parce qu'elle était arrivée à son temps de ruine. Ceux qui prétendaient dans les révolutions d'Angleterre et de France établir la démocratie pure, dit Virey, ne connaissaient ni leur siècle ni leur nation.

Ces grands écrivains semblent ignorer que le changement des mœurs d'une nation peut dépendre quelquefois d'un seul homme; un seul peut en accélérer la ruine ou la réparer. Lycurgue réforma les mœurs des Spartiates, Périclès accéléra la ruine des mœurs d'Athènes; si Brutus-l'Ancien n'avait pas triomphé du despotisme des Tarquins, l'on eût dit que Rome n'était pas faite pour vivre en république; mais il triompha, et les mœurs républicaines revinrent aux Romains. Qui peut dire que si Auguste avait été vaincu par Brutus et Cassius, comme il aurait pu l'être sans la mort désespérée de ces derniers, qui peut, dis-je, certifier qu'il n'y aurait pas eu une révolution dans les mœurs des Romains? Qui peut dire que si une heureuse mort eût enlevé Bonaparte avant son consulat, la France devait tomber sous l'empire d'un despote? Était-il impossible que les sentiments d'un Timoléon eussent prévalu? Non, sans doute, et dans un moment de crise un seul homme peut changer la face d'une nation et même de plusieurs, soit en bien, soit en mal.

On dit : Les contrées méridionales sont plus propres au despotisme que d'autres ; cela peut être : cependant l'on voit des républiques très-prononcées dans le midi de l'Asie, dans l'Amérique du Sud, et même dans l'Afrique, tandis que des régions septentrionales sont accablées sous le despotisme. Mais soit qu'il y ait des climats plus favorables au développement des vertus démocratiques que d'autres, il n'est pas moins vrai de dire que la liberté tient plus à l'instruction des peuples qu'au climat ; il n'est pas moins vrai de dire que la république n'est pas faite seulement pour quelques climats, ni pour quelque temps, mais que la liberté est cosmopolite ; fille de l'univers, elle doit vivre autant que le monde, son germe est dans tous les cœurs. Ceux qui semblent l'interdire et la condamner en disant qu'elle n'est pas de tous les temps et de tous les lieux devraient plutôt dire qu'une bonne éducation peut faire de bons républicains dans tous les temps et dans tous les pays. Que l'on travaille à l'instruction des peuples, que les peuples s'instruisent sur leurs droits, et la tyrannie perdra toutes ses prérogatives.

XX.

Lettre de Jean Dervis au citoyen Escarnel ; caractère du vrai républicain.

« Non, cher ami, le vrai républicain n'est point exaspéré; il aime l'ordre, il hait l'égoïsme, et le bien de la société fait toute son envie; il ne se plaît point aux fastueuses dépenses quand il songe qu'elles se font au détriment des malheureux. La taxe aux fortunes ne saurait lui déplaire; au contraire, il l'admire et la voit comme un lien qui resserre et fraternise la société. Nous en avons vu, dans notre république, de ces illustres personnages qui abandonnaient l'excédant de leur fortune avec un plaisir d'enthousiasme; en effet, quelle gêne y a-t-il pour ceux qui sont soumis à la taxe, s'ils peuvent encore se faire un revenu de six, huit ou même de dix mille francs de rente, selon qu'ils savent régir leur fortune? De leur excédant soumis à la classe pauvre résulte le soulagement de plusieurs millions de misérables ; s'ils ont quelque sentiment d'humanité, ils se trouveront très-satisfaits de la portion qui leur est assignée.

« Cependant tu me dis que dans votre nation il y en a qui se disent bons républicains et sont très-opposés à cette restauration. Ce sont de bons républicains de paroles et non de sentiments; s'ils avaient un cœur désintéressé comme doit l'être celui d'un bon républicain, ils sentiraient que sans la restriction des fortunes il n'y a point de liberté solide; ces mots LIBERTÉ,

ÉGALITÉ, FRATERNITÉ, qui doivent faire tressaillir le cœur d'un homme de bien, ne sont plus que des mots vagues et sans vertu; si l'on admet l'accumulation des richesses, on verra bientôt le pouvoir marcher tête levée et le peuple aura besoin de se rebriser encore pour briser ces colosses qui l'obsèdent. Le désordre renaîtra toujours tant que vous ne mettrez pas la coignée à la racine de l'arbre, c'est-à-dire tant que vous ne mettrez point des bornes aux fortunes. L'homme a besoin d'un frein, sa liberté en dépend.

« Quelle raison peut-on avoir pour être contraire à la taxe? Celui qui a huit ou dix mille francs de rente n'en a-t-il pas assez pour satisfaire à ses besoins? S'il était raisonnable ne devrait-il pas dire : Les hommes sont tous enfants de la terre, et la terre doit les nourrir tous? Ne devrait-il pas être satisfait en pensant que tandis que lui ne manquera de rien, de la division des fortunes doit ressortir l'aisance publique? En effet par la division des fortunes, la terre mieux cultivée donnera ses fruits plus en abondance pour nourrir ses habitants, il en ressortira plus de travail pour les ouvriers de toute espèce, parce que les revenus départis donnent aussi des vues plus éparses pour la production.

« Vous qui craignez le despotisme, ne vous y trompez pas, l'accumulation des richesses est aussi l'accumulation du pouvoir. La fortune engendre les esclaves.

« Mais, me diras-tu, il faut du respect aux propriétés; oui, sans doute, et il faut être même rigoureux sur cet article. Sans le respect aux propriétés la société est perdue; mais aussi c'est par respect aux propriétés que l'on a adopté la taxe, afin que l'on ne puisse pas, en accumulant richesse sur richesse, arracher le pain aux malheureux.

« On craint qu'il n'en résulte des troubles ; au contraire la taxe coupe le germe des dissensions d'où sont sorties tant de révolutions qui ont incendié la terre, et notamment la révolution française de 1789, l'une des plus mémorables des annales de l'univers, surtout par ses crimes. Au commencement de cette révolution, si une voix s'était fait entendre, et qu'elle eût dit : Mettez la taxe aux fortunes si vous voulez régénérer l'ordre, sans doute plusieurs auraient traité cette voix d'infâme; mais si cette voix avait prévalu, pensez-vous que le désordre fût monté au point où il monta! Non, une légère émeute pouvait suffire, et elle pouvait épargner à l'Europe ce fleuve de sang, grossi par plus de quatre millions de victimes; elle aurait épargné d'autres révolutions qui se sont succédé, et aujourd'hui l'Europe serait un peuple de frères, qui enseignerait à l'univers l'art de se régir.

« Que dans votre nation l'on blâme tant que l'on voudra la taxe que nous nous sommes imposée, plus tard on reconnaîtra le besoin de nous imiter; qu'aujourd'hui l'on s'y refuse, avec le temps il faudra y venir, parce que c'est le seul but qui puisse établir un ordre juste et permanent. Otez l'échelle si vous ne voulez pas que l'on arrive à cette élévation qui effraye.

Les fortunes amoncelées sont les degrés pour monter sur ces trônes dont le poids écrase les peuples. Si à la révolution de 1789 l'on eût ôté l'échelle, il n'y serait pas monté, ce colosse qui, tant en y montant qu'en en descendant, causa des secousses qui ébranlèrent et brisèrent l'univers. »

PORTRAIT HISTORIQUE

DE

NAPOLÉON BONAPARTE.

On a souvent cité Bonaparte comme digne d'être compté au nombre des plus grands hommes; on a vanté les grands exploits militaires du *héros français;* on lui a prodigué de grands honneurs. En effet, il en a mérité; ses premières actions peuvent, à plusieurs égards, être mises en comparaison avec celles des hommes illustres; mais en examinant les faits, apprenons ce qu'on lui doit. Voyons d'abord le portrait que nous en trace Silvinius, l'un des fondateurs de la nouvelle république.

Dès les premiers pas de Bonaparte dans la carrière militaire, dit-il, on lui reconnut les talents d'un soldat; et comme il montrait un vif et grand amour pour la liberté, la France croyait voir en lui un des vrais soutiens de la République. Sans le laisser séjourner longtemps dans les grades, on s'empressa de le nommer, malgré sa jeunesse, chef de l'armée d'Italie. Là, placé sur un vaste théâtre, et considérant la fougue et l'enthousiasme des Français pour cette liberté, quoique très-mal organisée, et en étant encore pénétré lui-même, comme je le crois (car ses premiers sentiments furent des sentiments nationaux), il possédait, ainsi que les Français, cet amour de liberté qui faisait trembler les puissances de l'Europe. Mais, comme il était très-adroit à manier les esprits, s'apercevant de la fermentation qu'il produisait et de la confiance qu'il acquérait parmi ses troupes, il songea bientôt que, tout en jouant le rôle d'un Brutus il pourrait, avec le temps, devenir un César.

Bonaparte avait fait une grande étude de l'esprit humain, et l'on voit, dans plusieurs circonstances, qu'il savait bien s'en servir pour arriver à ses fins. Cet esprit fier et plein de feu fut le véritable ami de la liberté nationale tant qu'il crut quelque autre que lui capable de l'envahir; personne plus que lui n'était éloigné de vouloir servir sous un maître; on le reconnaît dans ses premières proclamations.

Voici comme il parle à ses soldats dans sa proclamation de Cherasco :

« Soldats, vous avez remporté en quinze jours six victoires, pris vingt-et-un drapeaux, cinquante-cinq pièces de canon, plusieurs places fortes, et conquis la partie la plus riche du Piémont. Vous avez fait quinze mille prisonniers, tué ou blessé plus de dix mille hommes. Vous vous étiez jusqu'ici battus pour des rochers stériles, illustrés par votre courage, mais inutiles à la patrie; vous égalez aujourd'hui par vos services l'armée de Hollande et celle du Rhin; dénués de tout, vous avez suppléé à tout, vous avez gagné ces batailles sans canons, passé des rivières sans ponts, fait des marches forcées sans souliers, bivouaqué sans eau-de-vie et souvent sans pain. Les phalanges républicaines, les soldats de la liberté étaient seuls capables de souffrir ce que vous avez souffert; grâces vous en soit rendues, soldats! La patrie reconnaissante vous devra sa prospérité; et si, vainqueurs de Toulon, vous présageâtes l'immortelle campagne de 93, vos victoires actuelles en présagent de plus belles encore.

« Les deux armées qui naguère vous attaquaient avec audace, fuient épouvantées devant vous; les hommes pervers qui riaient de votre misère et se réjouissaient dans leur pensée des triomphes de vos ennemis, sont confondus et tremblants. Mais, soldats, il ne faut pas vous le dissimuler, vous n'avez rien fait, puisqu'il vous reste à faire; ni Turin ni Milan ne sont à vous; les cendres de Tarquin sont encore foulées par les assassins de Basseville.

« Vous étiez dénués de tout au commencement de la campagne, vous êtes aujourd'hui abondamment pourvus : les magasins pris à vos ennemis sont nombreux, l'artillerie de siége et de campagne est arrivée. Soldats, la patrie a droit d'attendre de vous de grandes choses, justifierez-vous son attente? Les plus grands obstacles sont franchis, sans doute, mais vous avez encore des combats à livrer, des villes à prendre, des rivières à passer; en est-il d'entre vous dont le courage s'amollisse? non, il n'en est point; en est-il qui préféreraient de retourner sur les sommets de l'Apennin et des Alpes essuyer puissamment les injures de cette soldatesque esclave? non, il n'en est pas parmi les vainqueurs de Montenotte, de Millesimo, de Dego et de Mondovi ; tous brûlent de porter au loin la gloire du peuple français, tous veulent humilier ces rois orgueilleux qui osaient méditer de vous donner des fers; tous veulent dicter une paix glorieuse et qui indemnise la patrie des sacrifices immenses qu'elle a faits; tous veulent en rentrant dans leurs villages pouvoir dire avec fierté : J'étais de l'armée conquérante de l'Italie. »

Dans cette proclamation, Bonaparte sait entretenir le courage de ses soldats en flattant leur vanité par un récit éclatant des hauts faits d'armes qu'il étale à leurs yeux avec emphase; il sait leur faire sentir ce que peut l'homme animé par les sentiments de la liberté, lorsqu'il leur dit : « Les phalanges républicaines, les soldats de la liberté étaient seuls capables de souffrir ce que vous avez souffert. » Il ne sait pas moins élever leur orgueil en leur inspirant du mépris contre cette soldatesque esclave, avilie par les dominateurs des peuples. Il n'est pas moins habile à leur transmettre cette haine qu'il sentait lui-même contre les rois, en leur disant : « Tous veulent humilier ces rois orgueilleux qui osaient méditer de vous donner des fers. »

Enfin, Bonaparte avait un tact particulier qui savait exciter cette fermentation des esprits. Quoique dans plusieurs de ses proclamations, et surtout lorsqu'il parle à ses troupes, l'on trouve beaucoup de ces mots ronflants qui ne pourraient pas supporter une critique raisonnée, il n'en reste pas moins prouvé qu'il avait la connaissance requise de l'esprit humain, et savait autant que personne que pour entraîner la masse du peuple il s'agit plus du brillant et du sonore que de raisonnement. Mais, si en flattant et en élevant les sentiments de ses troupes il savait entretenir cet élan et ce feu qui semblait pour ainsi dire consumer la nation, il ne connaissait pas moins l'art de parler à ceux qu'il voulait vaincre pour les attirer à la République. Lorsqu'il disait : « Peuple de l'Italie ! l'armée française vient pour rompre vos chaînes, le peuple français est l'ami de tous les peuples, venez avec confiance au-devant de nos drapeaux, vos propriétés, votre religion et vos usages seront religieusement respectés; nous faisons la guerre en ennemis généreux, et nous n'en voulons qu'aux tyrans qui vous asservissent. »

Voilà le discours d'un vrai républicain : c'est dans le tableau des vertus républicaines qu'il puisait ces belles paroles qui faisaient l'enthousiasme de ses soldats, et qui se rapportaient aux vues des nations. C'est pourquoi il n'était pas alors si difficile de faire des progrès rapides, puisqu'il y avait plusieurs peuples qui allaient au-devant des Français pour implorer les secours de la nation qui promettait la liberté. Gênes, Venise, la Valteline, la Romagne et autres furent de ce nombre. Après avoir déclaré vouloir leur indépendance et briser le joug des nobles, elles en appelaient à Bonaparte, qui était alors regardé comme vrai républicain et libérateur des peuples.

Bonaparte était un homme habile ; mais ce qui contribua le plus aux grands succès de ses armes, ce ne fut pas précisément sa tactique militaire, quoiqu'il en eût beaucoup, mais c'est plutôt qu'il savait parler au peuple le langage de la liberté, et ce langage est celui qui peut le flatter davantage. Avec tout son génie, avec un plus grand encore, s'il eût été général russe il n'aurait pas pu tenir le même langage, et aurait été culbuté par le moindre des généraux républicains. Enfin, quoique ce grand élan pour la liberté fût la principale cause de l'éclat de ses armes, il est constant que la manière de le diriger et de l'entretenir pouvait aussi grandement contribuer à ses succès ; et Bonaparte avait ce talent.

Quoi qu'il en soit, ses succès enflaient son orgueil, et faisaient parfois jaillir son ambition. On s'en aperçut ; le gouvernement le suspecta, et c'est à cette occasion qu'il se plaignit et demanda son rappel.

« Il est constant, écrivait Bonaparte au Directoire, que le gouvernement a agi envers moi à peu près comme envers Pichegru après le 13 vendémiaire. Je vous prie, citoyens directeurs, de m'accorder ma démission : aucune puissance sur la terre ne sera capable de me faire continuer de servir après cette marque horrible de l'ingratitude du gouvernement, à laquelle j'étais bien loin de m'attendre... la situation de mon âme a besoin de se retremper dans la masse des citoyens. Depuis trop longtemps un grand pouvoir est confié dans mes mains ; je m'en suis servi dans toutes les circonstances pour le bien de la patrie : tant pis pour ceux qui ne croient pas à la vertu et qui pourraient avoir suspecté la mienne ; ma récompense est dans ma conscience et dans l'opinion de la postérité. »

Bonaparte se plaint de l'injure soupçonneuse du gouvernement, et demande au Directoire sa démission d'une manière fière et hautaine : « Aucune puissance sur la terre, dit-il, ne sera capable de me faire continuer de servir... la situation de mon âme a besoin de se retremper dans la masse des citoyens, etc. » Et il avait bien raison ; cette expression de Bonaparte, quoique dans le moment qu'il la donne il soit bien éloigné du désir de s'y conformer, ne prouve pas moins que, lorsqu'il était encore franc républicain, il avait senti cette grande vérité que ceux qui sont au pouvoir *ont besoin de se retremper dans la masse des citoyens* ; parce que ce pouvoir que le peuple confie à certains individus pour le maintien de l'ordre et de la liberté, en cessant de passer et repasser par les organes du peuple, le peuple cesse de digérer cette substance nutritive qui seule peut l'entretenir dans sa force et dans son énergie, et que la longue durée du pouvoir dans le même individu fait qu'il se corrompt, et, tout en se corrompant, absorbe cette force intelligente du peuple, et peu à peu n'en fait qu'une machine propre à servir ses passions et ses caprices.

Mais Bonaparte savait pénétrer les choses ; il voyait

l'incertitude d'un gouvernement désordonné ; il connaissait tout l'ascendant qu'il avait sur le Directoire comme sur le reste des hommes, et c'est dans ces vues qu'il travaille ; il se plaint, il reproche au Gouvernement l'offense soupçonnneuse qu'on vient de lui faire, et ensuite il leur parle de sa vertu comme en accusant la leur. Le Directoire, sans entrer dans plus d'examen de la conduite de Bonaparte, s'excuse et se met à la merci de ce jeune ambitieux, en lui disant : « Le Directoire se confie à votre vertu... Le repos de la République nous défend de penser au vôtre... La France a besoin de vous pour se soutenir. » Quoi ! la France a besoin de Bonaparte pour se soutenir ! Quelle faiblesse, quelle mauvaise organisation d'un gouvernement, lorsque le salut d'une nation croit dépendre d'un seul homme !

Cependant, je crois que dans la situation où était alors la France on pouvait le dire. En effet, dans un gouvernement qui n'est point basé sur des principes justes, où les autorités se précipitent les unes et les autres, soit par ambition, soit faute de connaître le véritable but, et veulent à tout prix se mettre à l'abri de l'anarchie et du despotisme, la perte ou le salut d'une nation peut dépendre d'un seul homme ; un seul peut la sauver s'il est éclairé par les vrais principes, et s'il possède assez de crédit pour les appliquer selon la saine justice ; un seul peut la perdre lorsqu'une nation se trouve indécise, quoiqu'elle soit dans la recherche des vertus. Quand il se trouve un citoyen, ou pour mieux dire un traître, un infâme qui s'est rendu maître de la confiance du peuple, il abuse de sa crédule ignorance pour précipiter ce même peuple qu'il a juré de servir et de protéger.

Mais lorsqu'un gouvernement est assis sur des lois également favorables à tous les citoyens et qui laissent se produire les talents dans toutes les classes, il en résulte une insurmontable barrière contre tout individu qui aurait l'ambition de s'élever par d'autres moyens que le sacrifice de ses talents au bien commun de la nation. Avec un pareil gouvernement, la perte ou le salut ne dépend pas d'un seul homme, mais la nation a besoin de tous les citoyens pour se soutenir, et un seul, quel qu'il soit, n'y peut rien.

Le Directoire en s'excusant démontre sa faiblesse, et par là il allume l'ambition de celui qu'il paraît craindre en lui disant : « La France a besoin de vous pour se soutenir. » C'était plutôt une flatterie qu'une vérité, car quoiqu'il soit vrai dans plusieurs cas qu'un seul homme peut sauver ou perdre une nation, ce n'était pas dire vrai dans la pensée du Directoire, parce qu'il ne regardait alors Bonaparte que comme un grand homme de guerre, capable de repousser les puissances ennemies de la République, et dans ce cas la France ne manquait pas de défenseurs ; ce nom de liberté qui retentissait dans la nation, faisait germer les talents et surtout les talents militaires.

En effet, quelle foule de grands capitaines contemporains de Bonaparte ne pourrait-on pas citer, qui savaient vaincre avant lui ou sans lui ; ce grand élan national causé par le mot LIBERTÉ, avait produit des soldats tant pour commander que pour obéir, et dans ce cas la France devait vaincre.

Mais Bonaparte sait flatter le peuple, il a plus d'audace que les autres généraux ; à lui la prépondérance. Ce crédit, cette confiance que Bonaparte avait acquise sur les esprits, lui donna la faculté d'accomplir le projet téméraire de l'expédition d'Égypte, projet qu'il avait conçu et dont il avait fait part au Directoire l'année d'auparavant. (Lettre du 16 août 1797.)

Cette expédition d'Égypte n'est pas un plan dicté par la nécessité, ni par l'amour de la République, mais seulement par l'ambition et l'intérêt de Bonaparte.

« Le Directoire, dit M. Thiers, qu'on a accusé d'avoir voulu se débarrasser de Bonaparte en l'envoyant en Égypte, faisait, au contraire, de grandes objections contre ce projet. Laréveillère-Lépaux surtout était un des plus obstinés à le combattre, en disant que le continent n'était rien moins que pacifié, et qu'il conservait de violents ressentiments. En effet, l'on vit plus tard les prédictions de Laréveillère s'accomplir. » Ce n'était pas que Bonaparte ne fût capable d'une pareille prévoyance, la chose était trop palpable, et l'Europe, après avoir tremblé devant le colosse républicain, devait être irritée contre la France et saisir le moment où une partie de ses forces serait comme en exil, pour se jeter sur elle avec plus de force et d'acharnement que jamais.

Oui, la malheureuse expédition d'Égypte doit être regardée comme le moment de départ des seize ou dix-sept ans de guerres, et de cette mer de pleurs et de sang qui va inonder l'Europe.

C'est en Egypte, dit Bonaparte, que nous devons attaquer l'Angleterre; mais l'Angleterre, comme les autres puissances, ne pouvait guère inquiéter les Français; l'Europe avait déjà senti le poids des armes de la République, et toutes la nations étaient bien aises que la France les laissât en repos : mais si les Français avaient abattu l'orgueil des rois et démontré leur supériorité par la force des armes à tant de puissances réunies, c'était plutôt le moment de profiter d'une consternation dont les monarques se seraient difficilement relevés, que de chercher à les harceler de nouveau. C'était plutôt le moment de travailler à une bonne organisation qui montrât à l'Europe, que si au nom de liberté les Français avaient été supérieurs par la force, ce même nom devait amener dans les lois l'égalité et l'union; c'était alors le moment de rendre ses droits au peuple, de mettre un frein aux grandes fortunes et d'établir une exacte mutation dans les grades, sans laquelle jamais le peuple ne jouira de ses droits de liberté, pour laquelle il soupire : sans ce principe jamais l'union ne régnera dans la société parce que la partie qui sert sera toujours l'ennemie de celle qui asservit. Au lieu que par la mutation la société se mêle et se confond, et l'union règne.

Si dans ces temps de révolution, il y eût eu quelque citoyen éclairé et sincèrement animé pour le bien public, qui eût eu l'idée d'une bonne constitution et assez de crédit pour la mettre en œuvre, il ne faut point douter que ce moyen eût été bien plus sûr pour vaincre, que toute la force des armes; à ce bruit vous auriez vu les monarques trembler de nouveau par la crainte de voir leurs peuples imiter les Français en les secouant pour les remettre à leur niveau. Alors vous auriez vu la France vaincre l'Europe sans quitter le seuil de sa porte.

Oui, une bonne constitution eût été bien plus opportune pour la France que l'expédition d'Égypte. Mais Bonaparte en avait besoin pour prendre plus d'éclat et un nouvel ascendant; cet esprit inquiet et aventureux ne cherchait pas l'intérêt de la nation, mais ce qui pouvait contenter ses vues ambitieuses. Ce mot prouve assez sa manière de voir : mais connaissait-il les vertus qui peuvent faire les grands noms, savait-il qu'ils ne peuvent être ratifiés que par la justice. Ah! sans doute, il ne l'ignorait pas, mais il était entraîné par une voix infernale qui cherchait à étouffer la voix de sa conscience.

Enfin, le Directoire cède aux instances réitérées de Bonaparte, et ce général met à la voile accompagné de cinquante mille hommes : la France le voit partir, et elle ne pense pas que cette expédition est le présage de sa ruine.

Il part pour l'Égypte; qu'est-ce qu'il y va faire pour le bien de la France? rien. Mais après avoir pris les informations des mœurs de ce peuple lointain, il va les flatter en leur disant que c'est pour leur bien qu'il travaille.

« Peuple de l'Égypte, disait-il, on vous dira que je viens pour détruire votre religion, ne le croyez pas ; dites que je viens vous restituer vos droits, pour punir vos usurpateurs, et que je respecte Dieu, son Prophète et le Coran : dites au peuple que nous sommes de vrais musulmans ; n'est-ce pas nous qui avons détruit le pape qui disait qu'il voulait faire la guerre aux musulmans... Trois fois heureux ceux qui seront avec nous, ils prospéreront dans leur fortune et dans leur rang ! »

Dites au peuple que nous sommes de vrais musulmans ; l'on aurait bien pu lui répondre : « Tu n'es ni chrétien, ni musulman, ni vrai républicain ; tu n'es que l'ennemi de ta patrie, ainsi que des nations que tu cherches à séduire. »

« Il faut du génie, dit M. de Norvins, pour persuader aux soldats et aux vaincus que les victoires tournent à leur profit. » Sans doute Bonaparte avait du génie, mais ce n'est pas en cela précisément qu'il le démontre le plus, l'invention ne lui appartient pas, l'histoire est malheureusement trop pleine de pareils faits. Presque tous ceux qui ont aspiré à la tyrannie ont flatté les peuples, afin de régner sur eux ; mais dans cette proclamation Bonaparte prouve moins de génie que de faux esprit, qui pour se faire estimer des peuples emploie jusqu'aux mensonges les plus grossiers.

Est-ce que la destruction du pape avait eu lieu pour ces prétendus projets de guerre contre les musulmans ? ou de ce que les Français avaient détruit la papauté, s'ensuivait-il qu'ils fussent de vrais musulmans? ce sont là des ruses, à la vérité, mais des ruses bien peu délicates.

Enfin, au moment où Bonaparte versait le sang français pour gagner quelques victoires inutiles à la France, les puissances de l'Europe, comme assoupies par les corps foudroyants des républicains, s'éveillèrent en sursaut. Le moment est favorable direntelles, une partie des forces de la France est enfermée en Égypte; tombons tous ensemble sur les Français pour les égorger d'un bout à l'autre de la Péninsule italienne et les refouler eux et leurs principes.

Il y eut une extrême activité dans toutes les cours, et l'Europe entière fut promptement armée contre la France. La République eut beaucoup à souffrir pour soutenir le terrible acharnement de tant de puissances réunies par la fureur. Le sang ruisselle alors de toutes parts, et c'est l'ouvrage d'un de ses membres chéris, c'est le résultat des conseils de ce téméraire Bonaparte, que le trop de confiance des Français enhardit pour les entraîner à leur ruine.

L'expédition d'Égypte va coûter bien du sang à la France et à l'Europe.

Le carnage s'échauffe toujours; les Français avec des forces faibles comparativement à cette grande masse, ne peuvent pas se soutenir, ils perdent du terrain, et quelques-uns s'écrient : La République est en danger : non, elle ne périra pas; ce nom de liberté, quoique inconnu par le fait, mais pour lequel vous avez fait tant de sacrifices, vous soutiendra; toutes les puissances de la terre réunies par la force des armes pourraient plutôt vous exterminer que vous vaincre ; mais craignez plutôt, craignez que quelque voix traîtresse ne cherche à vous séduire et à vous vaincre par enchantement.

La coalition de l'Europe avait eu quelque avantage sur les républicains ; mais après avoir vu que ceux qui sont animés par l'amour de la liberté sont terribles, même en reculant, bientôt des revers leur firent mieux connaître que cet amour de liberté peut faire d'une nation un peuple de héros.

Les puissances de l'Europe avaient saisi le moment où la France avait une partie de ses forces comme en exil, pour tomber sur elle avec des forces formidables; mais la République, malgré son affaiblissement, sut briser leurs complots et les couvrir de confusion.

La victoire revenait de toutes parts aux Français. Brune, en Hollande, avait fait des progrès admirables; Masséna, le grand Masséna, avait dissipé la Ligue commandée par Souwarow, surnommé l'*invincible*. Les Français, qui naguère, à la vue de tant de périls, avaient paru montrer quelque effroi, ranimés bientôt par leurs grands exploits, s'écrièrent avec enthousiasme : « Gloire éternelle à Masséna ! la France est sauvée par lui. » En effet, Masséna venait de se couvrir d'une gloire immortelle ; plus les besoins sont pressants, plus on sent qu'on doit élever ceux qui se sacrifient pour porter remède au mal. « C'est le plus beau fleuron de Masséna, a dit M. Thiers, il n'en existe pas de plus beau dans aucune couronne militaire »; et il a raison. Ce n'est que quand les grands talents agissent conformément aux grands besoins qu'ils peuvent le plus exciter l'admiration ; quel gré la société pourrait-elle avoir pour les plus grands talents du monde, s'ils ne servent qu'à agir contre elle, ou s'ils n'agissent pas pour elle !

Oui, la gloire que Masséna vient d'acquérir est une des plus belles de la République ; mais quoi, dira-t-on d'abord, quelle gloire peut-on comparer à celle de Bonaparte? Bonaparte a sans doute beaucoup mérité : dans les guerres d'Italie, il s'est montré habile capitaine ; jusque-là, la France lui doit une grande reconnaissance ; mais, je le dis encore, on ne doit élever, glorifier les personnages qu'en raison des services rendus dans les plus grands besoins : pourra-t-on prouver que Bonaparte a servi la patrie dans un cas aussi périlleux pour la République que l'a fait Masséna? Quand Bonaparte faisait la conquête de l'Italie, la France avait ses forces réunies, et les généraux étaient vainqueurs de toutes parts. Lui-même le prouve assez dans sa proclamation de Cherasco, lorsqu'il dit à ses soldats : « Vous égalez aujourd'hui par vos services l'armée de Hollande et celle du Rhin. » Dans ces temps, dit M. de Norvins, la rivalité comme la valeur était une noble passion, commune à tous les généraux distingués, et leur donnait un caractère de grandeur qui disparut tout-à-coup avec la République. »

En effet, l'Europe fuyait de toutes parts devant ce dévouement des soldats qui ne peut appartenir qu'aux mœurs républicaines; les puissances tremblaient déjà sous les coups de la République, avant même que Bonaparte eût le commandement; et il faut bien convenir qu'il n'est pas si difficile de faire des conquêtes sur un peuple déjà intimidé par des coups d'épouvante, que d'arrêter un adversaire, lorsqu'il a senti la faiblesse de celui qui l'a déjà terrassé : telle était la position de Masséna.

Enfin, la coalition terrassée venait de voir que si la France l'avait emporté sur l'Europe, ce n'était pas précisément par rapport à ce Bonaparte qu'elle semblait redouter le plus ; l'héroïsme de la liberté avait sans lui le pouvoir de se rendre invincible.

En disant que la gloire de Masséna est une des plus belles de la République, on se tromperait en comprenant par là que Masséna seul fût capable de l'acquérir. Il avait les talents d'un grand capitaine, mais il n'était pas seul ; Soult, qui commandait sous lui, n'eût-il pas déconcerté l'ennemi, s'il eût eu le commandement en chef, ainsi que plusieurs autres généraux distingués? Bonaparte, qui venait de brouiller l'Europe, n'avait-il pas aussi le génie de la guerre autant que Masséna, et peut-être plus? mais il ne s'agit pas seulement de génie et des talents pour arriver à la gloire. Il faut premièrement se trouver dans les cas que les circonstances préparent, et puis on s'y élève d'autant plus que les grandes facultés agissent conformément au bien général : voilà ce que Masséna sut accomplir.

Enfin les désastres que venait d'essuyer la France

retentirent en Égypte : Bonaparte l'ayant appris, il déserte, abandonnant son armée, et arrive bientôt à Paris. « J'ai appris, dit-il au Directoire, que la République était en péril, et j'ai volé à son secours. »

Mais la France avait été sauvée sans lui.

Quoi ! Bonaparte revenant seul ose dire au Directoire : J'ai volé à son secours ; ignorait-il que la France ne manquait pas de bons généraux pour commander? ignorait-il que le vrai secours de la République, c'étaient bien plutôt les fiers soldats de la liberté qu'il venait de laisser en Égypte, que sa propre personne? Non, sans doute, il ne l'ignorait pas, mais il cherchait à entretenir la grande opinion qu'on avait de lui, et à préparer aux Français ce coup terrible qui devait les plonger dans l'abîme.

En arrivant d'Égypte, et surtout sachant que le Directoire n'avait consenti qu'à regret à cette malheureuse expédition, qui venait de coûter tant de victimes à la France, Bonaparte devait vraisemblablement s'attendre à des reproches ; mais lui, le coupable, a l'audace d'accuser le premier.

« Qu'a-t-on fait, dit-il, de cette belle France que j'avais laissée si florissante ; j'avais laissé la paix, j'ai retrouvé la guerre ; j'avais laissé des victoires, j'ai retrouvé des revers ; j'avais laissé les millions de l'Italie, et j'ai trouvé des lois spoliatrices et la misère. Que sont devenus cent mille Français que je connaissais, tous mes compagnons de gloire? ils sont morts ! »

J'avais laissé la paix, dit-il, *j'ai retrouvé la guerre :* il est difficile de concevoir tant d'audace dans celui qui ne peut pas ignorer que c'est lui-même qui l'a occasionnée ; mais de quel front ose-t-il ajouter encore : *que sont devenus cent mille Français que je connaissais ?... Ils sont morts.* Oui, ils sont morts, et tu oses t'en plaindre, lorsque c'est par toi qu'ils ont reçu le coup mortel !

Où puise-t-il tant de hardiesse pour oser parler ainsi? ah! on le voit bien, c'est dans ses fades enthousiastes qui se sont laissé séduire par ses belles paroles de liberté et d'égalité qu'il a tant fait retentir, sans considérer qu'elles ne sont point d'accord avec ses actions. Ils se pressent en foule pour lui porter leurs hommages ; c'est là qu'il puise cette audace qui lui fait tenter une nouvelle révolution pour anéantir les fruits qu'auraient pu produire les sentiments qui firent éclater la première, malgré les affreux désordres qui s'en étaient suivis. En effet, l'anarchie, la terreur avaient déjà disparu, ou allaient disparaître; tout semblait peu à peu rentrer dans l'ordre, et vraisemblablement l'on serait revenu à ce nœud principal et légitime de liberté et d'égalité pour lequel tous les sentiments s'étaient enflammés. Mais ce n'était pas le compte de Bonaparte : il s'assure quelques-uns des principaux officiers, il fait afficher des placards pour inviter le peuple parisien au repos, afin qu'on s'en repose sur lui, en leur disant que c'est pour leur bien qu'il travaille; puis il harangue ses troupes, leur annonce qu'il prépare une révolution qui leur amènera l'abondance et la gloire, et qu'il comptait sur eux pour accomplir son dessein ; que fallait-il de plus à des hommes qu'il avait habitués à le croire, et que leur ignorance des vrais droits empêchait de voir le peu de conformité de ses actions et de ses paroles?

Cependant, malgré l'abandon de la vertu et l'ignorance des vrais principes, il existe encore quelques hommes éclairés et amis sincères de la liberté. Voyant la trame de Bonaparte, ils élèvent leurs voix contre lui et lui imputent les crimes de César et de Cromwell. « Tous les services que tu as rendus à la nation, lui disent-ils, ne sont plus rien ; par ton attentat, tu as anéanti tous tes bienfaits, et tu ne conserves que le nom et le crime des tyrans. »

Bonaparte, à ces mots, troublé, interdit, semble voir les présages de sa chute ; cependant il élève sa perfide voix et s'appuie sur les noms sacrés qu'il veut détruire ; « la République est en danger, dit-il, prévenons tant de maux, sauvons les deux choses pour lesquelles nous avons fait tant de sacrifices, la liberté et l'égalité. »

Bonaparte, peignant l'état où la France était placée, engage, selon ses vues, le Conseil des Anciens à prendre des mesures qui puissent la sauver. « Environné, dit-il, de mes frères d'armes, je saurai vous seconder, j'en atteste ces braves grenadiers dont j'aperçois les baïonnettes, et que j'ai si souvent conduits à l'ennemi, j'en atteste leur courage, nous vous aiderons à sauver la patrie ; et si quelque orateur payé par l'étranger parlait de me mettre hors la loi, alors j'en appellerai à mes compagnons d'armes ; songez que je marche accompagné du Dieu de la fortune et du Dieu de la guerre. »

Bonaparte veut la République, il veut la liberté, dit-il, et c'est en jurant de travailler pour elle qu'il se prépare à lui plonger le poignard dans le sein, le traître !

O malheureux soldats qu'allez-vous faire! vous allez prêter la main à celui qui veut vous enchaîner! C'est vous qui allez river vos fers ! retirez-vous ! Mais ils sont séduits par cette voix traîtresse, et ils n'écoutent plus, ils le secondent, et le liberticide est consommé.

Bonaparte, qu'as-tu fait ? n'entends-tu pas la voix d'un Dieu qui te crie : Arrête ! il en est temps encore, n'achève point de déshonorer les services que tu as rendus ; on t'a suspecté plusieurs fois parce que tu as agi contre les principes libéraux, mais toutes tes tentatives seront oubliées, n'achève pas de te déshonorer ; ce faux éclat qui t'attire, qui t'enchante, ne servira qu'à ta ruine et à te couvrir d'infamie : aie le courage de donner aux Français cette liberté pour laquelle ils soupirent, tu es dans une position à pouvoir le tenter, la France a désormais les yeux sur toi, c'est de toi que dépend sa destinée ; tu es grand maintenant, la gloire t'environne de toutes parts, mais songe que tu l'as acquise, cette gloire, au nom sublime de cette liberté, quoiqu'elle ne soit qu'un fantôme pour la France. Eh bien ! réalise en fait ce qui n'a été encore qu'imaginaire ; sauve cette belle France, travaille au grand ouvrage de sa liberté, tu en as le pouvoir, on t'en reconnaît le talent et la capacité, et cette cause est bien digne de tes efforts. Accomplis cette prophétie que tu fis au Directoire quand tu lui dis que lorsque le bonheur du peuple français serait assis sur de meilleures lois organiques, l'Europe entière deviendrait libre. Eh bien ! réorganise cette France, pose sa liberté sur des bases solides : tu as vu déjà des peuples implorer la protection des Français pour obtenir cette liberté, quoique encore mal fondée ; que serait-ce si la France pouvait dire avec vérité : Voici la table de mes lois fondées par la justice, et de ma liberté basée sur des faits réels ; c'est alors que l'on verrait trembler toutes ces puissances orgueilleuses et dominatrices qui déshonorent l'humanité, et l'Europe tressaillerait de joie ; c'est alors que la France pourrait en peu de temps reculer sa gloire aux confins de l'Europe, pour porter la liberté et la fraternité à ces peuples qui gémissent dans l'esclavage : et cette gloire serait la tienne. C'est alors, Bonaparte, que tu posséderais le nom de grand par excellence. Tu serais l'illustre des illustres et le prince des grands hommes, et la France et l'Europe te rendraient les hommages que l'on doit à un vrai libérateur, et, bien plus, le monde entier prodiguerait l'encens à ta mé moire.

Quoi ! tu te détournes, Bonaparte ! que te faut-il de plus ? quelle gloire peut te paraître plus belle que de te consacrer au bonheur des peuples ? Ah ! je le vois, ce que ton égoïsme prépare à cette France, à cette liberté que tu as juré et fait jurer cent fois de soutenir. Quoi! lorsque les Français comptent sur tes belles paroles, lorsqu'ils te prennent pour leur protecteur, tu les trahis! Du moins, si tu dédaignes ce peuple qui a mis en toi toute sa confiance, si tu ne veux pas être l'instrument de son bonheur, laisse-le courir dans ses perplexités: il a déjà reconnu plusieurs abus, et vraisemblablement il trouvera la véritable issue, il trouvera ce droit sentier que ses égarements lui ont fait perdre de vue. Mais il n'écoute plus que la soif de régner sur ce peuple qui a fait tant d'efforts pour ne vouloir d'autre règne que celui de la loi.

Le barbare! il a fait l'apprentissage des cruautés, et il ne se démentira pas! Tremblez, malheureux Français, puisque le souvenir de ses férocités ne vous anime point contre le coup qu'il prépare! Tremblez, puisque vous ne prévoyez pas ce qu'il pourra faire contre vous! C'est lui qui à Jaffa fit égorger tant de prisonniers; ses soldats, plus Français que lui, reculaient d'effroi devant des ordres si barbares, et ce fut avec bien de la peine qu'il obtint alors l'obéissance.

Ses apologistes diront: c'est le seul acte cruel de sa vie; et l'on ne veut pas remarquer que chez Bonaparte les actes de cruauté se répètent à chaque fois que quelque chose le gêne. Trouvera-t-on en lui moins de cruauté, lorsque, quelque temps après, de retour dans la même Jaffa, il se trouva embarrassé de douze cents blessés, ses compagnons d'armes, qui souffraient par rapport à lui et pour lui, qui venaient de se sacrifier et de verser leur sang pour servir de bouclier à leur général qui devait sa vie à leur bravoure. De telles considérations auraient sans doute attendri le cœur le plus féroce, mais celui de Bonaparte se ferme aisément aux sentiments humains. Il ose dire au médecin Desgenettes qu'il serait bon d'administrer le poison à ces malades, à titre d'humanité pourtant, afin d'abréger leurs souffrances. Le médecin lui fit cette réponse justement vantée : « Mon métier est de les guérir, et non de les tuer. » On n'empoisonna pas ces pauvres malheureux ; gloire soit rendue au médecin qui n'entra point dans les vues barbares de Bonaparte.

Qu'attendre d'un tel homme? Il n'a pas fait ces pas pour reculer ; ses cruautés croissent avec son pouvoir. N'avez-vous pas vu à Paris les coups sanglants qu'il préparait si l'on ne pliait pas sous son joug, en faisant agir les malheureux soldats qu'il a séduits!

Ah ! si du moins les Français à ses pieds pouvaient lui suffire ! mais son ambition démesurée voudrait voir l'Europe enchaînée à son char. Pour monter à ce but que jamais il ne put atteindre, il entasse des millions de cadavres pour frayer le chemin de son exécrable grandeur ; il sacrifie, pour monter au comble du despotisme, ce même peuple qui le prenait pour son protecteur et son défenseur contre les despotes.

Cependant, pour arriver à cette chimérique grandeur, il sent le besoin d'entretenir cet élan qui le fait vaincre ; il sait que les Français ne connaissent point un système libéral ; en conséquence, il leur prodigue encore ces grands mots de liberté lorsqu'ils sont accablés sous son joug affreux. Il leur parle de gloire et d'honneur qu'il met à soutenir sa couronne; mais, malgré toute son adresse, ses proclamations n'ont plus la saveur de celle de Cherasco; sa couronne, malgré tout son bel éclat, n'est plus qu'un alliage corrompu qui, en faisant ressortir sa tyrannie, affaiblit tous les courages. Ce n'était pas sans raison qu'un grand maréchal osa dire à Napoléon, vers le milieu de son règne impérial, en 1809 : « Nos armées ne sont plus ce qu'elles étaient en 1795. » Non, elles ne le sont plus; leur courage a dégénéré, parce que l'espoir de la liberté n'est plus le nerf qui les fait agir.

Cependant Bonaparte, enflé par ses grands succès, attribue trop à son génie ce qu'il devrait un peu plus attribuer à cette grande ardeur républicaine. Trop ivre de sa fausse grandeur, il ne se connaît plus en hommes; les Français à ses pieds qu'il a subjugués par le rôle d'un traître, le rendent fier, et il croit par ce même moyen pouvoir empiéter sur le monde entier; aussi le voit-on peu sincère toutes les fois qu'il s'agit de ses vues dominatrices. Enfin les souverains finirent-ils par dire : « Il n'est point de paix ni de traité solide avec Bonaparte. »

Mais l'on ne peut pas toujours abuser. Ce grand élan qui faisait la gloire de ses armes s'affaiblit peu-à-peu, et ses victoires lui coûtent bien plus cher; Bonaparte aurait pu dire comme disait le roi d'Épire en considérant le nombre des morts que lui avait coûtés le gain de la bataille d'Héraclée : « Je suis

perdu si je remporte encore une pareille victoire. »
Mais Bonaparte ne considère pas tant ce qu'il lui en coûte; il lui suffit de marcher en avant. Cependant, à propos de ces malheureuses victoires, l'on a beau lui supposer tous les talents, l'on a beau le nommer le *génie de la guerre*, il ne pourra pas se soutenir.

Comment expliquerez-vous ceci, vous ses admirateurs : la France livrée à elle seule, avec ses faibles forces, repousse toutes les puissances du continent acharnées contre elle ; et lorque Bonaparte, empereur, a pour lui la moitié de l'Europe conquise par la France sous le nom de la République, ou du moins par l'influence de ce nom, lorsque plusieurs puissances lui grossissent ses forces et qu'il a des millions de soldats sous son commandement, on le culbute, et dans peu de temps le colosse n'existe plus.

On l'a trahi, dira-t-on d'abord ; oui, sans doute, on l'a trahi, et je suis étonné qu'on ne l'ait pas fait plus tôt, si toutefois c'est une trahison que d'abandonner celui qui a été le premier traître.

Oui, les Français qui, dans les premiers temps de Bonaparte, auraient tout fait pour lui parce qu'ils croyaient qu'il faisait tout pour la France, désabusés plus tard, se fatiguèrent de son despotisme ; et, si l'on obéit encore alors, ce ne fut plus qu'à regret.

Les souverains de l'Europe, qui naguère tremblaient dans la crainte de voir les peuples, à l'exemple de la France, se débarrasser de leur joug arbitraire, cessent de craindre. Bonaparte devenu empereur, a brisé ce grand élan qui avait effrayé les rois ;

et, en effet, les monarques avaient bien plus de raison de craindre la liberté des Français, quoique mal établie, que tout le génie de Bonaparte.

Les Français, replongés dans l'abîme par cette même main qui feignait de vouloir les en retirer, ne sont plus dignes d'envie. En voyant les Français accablés sous un joug affreux, les souverains se raffermissent, ne craignent plus la contagion, et ils sont vainqueurs.

Enfin, après que l'on eut chassé celui qui voulait dominer sur les dominateurs, et que la France eut recouvré un roi de son ancienne dynastie, l'Europe fatiguée sentit le plaisir du repos; mais la France surtout fit éclater son allégresse; j mais enthousiasme unanime et pareil n'éclata en aucune nation. Les annales de tous les siècles ne fournissent aucun exemple d'une effusion de joie pareille à celle qui éclata en France lors de l'exil de Napoléon à l'île d'Elbe. Les personnes même dont l'intérêt personnel pouvait être lésé, semblaient contraintes de céder à cet épanchement général.

Le peuple français, débarrassé tout-à-coup de ce lourd fardeau qui causait sa tristesse et son abattement, se livre à une joie immodérée, à une joie qui se manifestait d'autant plus qu'un long exil l'avait plus longtemps bannie. Mais si la France se livre à tant d'allégresse, ce n'est pas précisément pour avoir recouvré un roi, c'est plutôt qu'elle échappe des mains de son grand oppresseur. Ce qui le prouve, c'est que ce bonheur ne resta pas longtemps sans mélange. Ce monarque que la France venait de recevoir en échange de Bonaparte, quoique très-pacifique et digne de tout éloge, fit bientôt ressouvenir le peuple des effets produits par l'arrogante noblesse dans les temps reculés de sa dynastie. On se rappelle alors cet avilissement dans lequel les peuples croupissaient sous d'innombrables tyrans; on se rappelle les droits des seigneurs et les vexations que les malheureux vassaux avaient à essuyer de leur part.

Mais ce qui confirme le mieux le peuple dans ses craintes, c'est qu'il se trouve des impudents qui, se disant les descendants de cette noblesse despotique, affectent de vouloir se parer des honneurs de leurs ancêtres, en sorte que, quoique sous un bon roi, l'on vit bientôt les opinions se partager.

Cependant, Bonaparte en partant pour son exil de l'île d'Elbe, avait vu la fureur d'un peuple irrité contre lui, et le moment où, sans le secours de l'étranger, son corps déchiré allait repaître la rage des Français. Sans doute que dans ces moments de crise le grand Napoléon était bien loin de l'idée de reprendre les rênes de son empire; cependant, peu de temps après son exil, une lueur d'espoir lui apparut; il apprit que l'enthousiasme des Français pour le nouveau gouvernement s'affaiblissait tous les jours, et qu'une fomentation croissait contre les prérogatives de l'ancienne noblesse. A ce bruit le courage revient à Bonaparte; cette division des esprits, excitée et pressée par des agents de son parti, lui prépare la France, et lorsqu'il la croit assez disposée, il part, et bientôt il arrive parmi ce peuple qui dix mois auparavant l'attendait sur son passage pour le massacrer.

Bonaparte étant de nouveau parmi les Français dont les esprits sont divisés et incertains, débite pour les fixer de belles paroles selon son usage; on savait bien pourtant que, dans tous les temps, il n'avait fait que de fausses promesses : mais, comme il est vrai que l'on croit trop facilement ce que l'on craint et ce que l'on désire, une partie du peuple se laisse séduire par ses bonnes paroles, et le reçoit encore aux acclamations, tandis que, peu de temps auparavant, il l'avait bafoué.

Que d'inconstance dans l'esprit du peuple, dira-t-on, que de bizarrerie ! il veut et il ne veut pas, il élève et il craint, il ne sait à quoi se fixer. Mais d'où vient que le peuple nage toujours dans les perplexités? C'est que n'étant pas dans sa véritable essence il ne se trouve bien nulle part. Supposez qu'il s'instruise sur ses devoirs et qu'il recouvre ses droits, alors il ne demandera rien de plus; content de sa destinée, il ne voudra plus de changement.

Enfin Bonaparte promet de nouveau la liberté à ce peuple français qui semble être fou pour elle, et par ce moyen croit pouvoir remonter au despotisme. Mais si ses belles paroles trouvent assez d'ascendant pour attirer à lui une partie des esprits incertains, il n'en trouve pas assez pour garder son empire. La France n'est plus disposée comme du temps qu'il proférait les harangues de Cherasco; il ne peut plus dire aux nations : « Venez avec confiance au-devant de nos drapeaux, nous n'en voulons qu'aux tyrans qui vous asservissent. » Ce grand élan avait disparu, et Bonaparte aussi disparut bientôt à jamais.

On a peine à comprendre qu'un peuple qui vient de s'élever contre les tyrans et a fait éclater la plus forte des révolutions pour réformer le despotisme, marche tout-à-coup tête baissée sous le plus grand des despotes. Mais l'on doit considérer que, quoique le peuple fût très-avide de liberté, en sortant des mains arbitraires, il se trouvait comme engourdi dans l'ignorance de ses devoirs et de ses droits. La révolution de 1789 qui laisse tant d'horreurs à décrire, et dans laquelle les ennemis de la liberté trouvent tant de prétextes pour discréditer le système libéral, en sera toujours la preuve. Oui, c'est à l'ignorance du peuple que l'on doit attribuer tout le mal, et non au véritable esprit de la liberté; c'est de l'ignorance du peuple que sont nés tous les désordres qui ont existé, parce qu'un peuple ignorant ne peut être que le jouet et l'instrument de la fureur ambitieuse.

On ne peut douter que la Révolution française ait causé de grands troubles, mais, malgré tous ses égarements, son principe n'était-il pas légitime? Ne peut-on pas dire qu'elle a été ourdie par des esprits sages et éclairés, et même que la vertu la fit éclater, à moins que le crime n'ait le droit de marcher dans toute son arrogance sans que la vertu ait le droit de bouger? C'est la vertu qui, en redemandant ses droits, fit éclater la révolution, ou plutôt c'est le crime des usurpateurs qui en fut le principal instrument, et l'instrument encore de tous les désastres qui ont brisé l'humanité, par l'ignorance qu'encouragea toujours le pouvoir despotique. En effet le peuple ne se trouvait point préparé par cette vertu qui pouvait le mettre dans sa véritable essence, ni assez éclairé sur ses droits mais pourtant facile à soulever par les mots enchanteurs de liberté et d'égalité. Son ignorance le rendit aisément la proie des scélérats et des traîtres qui savaient le flatter et l'entraîner selon leurs vues infâmes. A la vue du règne des méchants la vertu osa frémir, et la vertu fut immolée. Le crime lui-même se déchira le peuple devenu comme un vil jouet entre des mains perfides; on se l'arracha l'un l'autre, on le saccagea, et on lui parla de gloire et de liberté. Puis, lorsqu'il se crut élevé par des mots qu'il ne comprenait pas, tout fut confondu et brisé; une main plus audacieuse vint le replonger dans l'abîme.

Voilà le résultat de la mauvaise marche de la révolution causée par l'ignorance; aussi rien n'est plus essentiel pour le bien d'une nation que l'instruction des peuples qui la composent. Jamais on ne pourrait assez recommander l'instruction de la jeunesse selon les principes de cette vertu qui, en faisant connaître ses droits à l'homme, lui apprend aussi le respect dû aux lois.

Les Français, dira-t-on, sont bien plus éclairés aujourd'hui qu'ils ne l'étaient du temps de la Révolution; il se peut. Mais que les progrès sont lents! que le peuple marche lentement vers cette lumière pure qui, en même temps qu'elle sait faire discerner le devoir, sait faire aussi discerner le mérite! Quelles lumières remarque-t-on chez quantité de Français qui, tout en se disant les vrais amis de la liberté, adoptent et prodiguent des louanges à celui qui ne connut d'autre frein que sa volonté? car être libéral ou être bonapartiste paraît synonyme à plusieurs ; il y en a même qui, sans manquer d'instruction, emploient indifféremment ces termes. Pourquoi une erreur si grande chez une nation qui se dit éclairée? Est-ce parce que, dans les premiers temps de la République, Bonaparte a combattu pour la liberté? Mais, si on lui doit des éloges lorsqu'il combat le despotisme, pourquoi ne lui devrait-on pas le mépris lorsqu'il devient despote lui-même?

Bonaparte eut des vertus, dira-t-on ; sans doute, et peut-être est-ce un de ceux de son temps qui a le mieux senti les vertus sociales émanées de la vraie liberté : mais plus il a été soustrait à cette ignorance qui rend les peuples serviles, plus il devient coupable, puisque toutes ses vertus ne peuvent et ne doivent être considérées que comme un appât pour trahir les Français.

Parce que Bonaparte aura réussi dans quelques coups d'audace qui sont autant dus au grand élan républicain qu'à son génie, on semble vouloir attribuer tout à lui. Qu'on regrette plutôt tant d'illustres personnages à qui Bonaparte a ravi les honneurs qu'ils auraient mérités.

En effet que d'Aristides et de Thémistocles n'aurions-nous pas à honorer, sans son infâme usurpation ! que d'illustres généraux et que d'autres citoyens véritablement dévoués à la liberté ! Bonaparte, en les pliant sous son joug, leur usurpa jusques aux grands noms qu'ils étaient dignes de porter.

Quoi ! l'on honorera les victoires dans Bonaparte, tandis qu'elles n'ont servi qu'à river les fers des Français et concouru à mettre l'Europe sous son joug ! on le nommera *la gloire des Français*, tandis qu'il en a été le fléau !

O lumière ! jusques à quand resteras-tu engourdie ? Jusques à quand les peuples croupiront-ils dans les ténèbres

Que vous a-t-il fait, le peuple Français, pour lui dérober la vérité en lui offusquant la vue par des étincelles d'une fausse gloire »

Malheureux écrivains qui voulez faire parade d'esprit et de génie, qui osez vous mettre sur les bancs pour parler au peuple, mais qui devriez apprendre avant tout que pour s'adresser au public il faut avoir pour but la vérité et le bien de la société ; toutes les vertus et tous les talents ne sont rien s'ils n'ont pour principe le bien social. Fades admirateurs, voilà comme par de faux applaudissements on perdit Athènes et Rome, et comment on replongea dans la turpitude des peuples qui avaient fait tant de puissants efforts pour en sortir : c'est à vos écrits impurs que l'on doit l'avilissement des peuples.

Jaloux de percer dans l'avenir, vous cherchez à cet effet un abri autour de ces ombres corrompues ; ne savez-vous pas que pour arriver à la postérité il est cent voies plus saines et plus pures? Pourquoi ne pas plutôt chercher un asile auprès des Épaminondas et des Timoléons, ou de tant d'autres grands hommes qui ont rempli la même tâche? c'est là que vous auriez pu chanter tout ce qu'il y a de véritablement grand dans les actions humaines, et vos écrits élevés par le parfum de leurs vertus fussent montés sans peine à l'honneur et à l'immortalité, et les peuples dans vos écrits, contemplant ces vrais défenseurs de la liberté, auraient appris que la vraie grandeur ne consiste pas dans celui qui sous le titre de conquérant ravage le monde, mais dans celui qui après avoir rendu de grands services à sa patrie et à la liberté des peuples, sait démontrer par un pur désintéressement et le principe de la souveraineté, qu'il n'appartient qu'aux lois seules de gouverner un peuple libre.

Que nous importe, en effet, que dans vos écrits vous éleviez un despote, un colosse au-dessus de nos têtes, et que le poids de sa grandeur nous écrase! Cessez donc, vous tous, de faire l'apologie de ceux qui déshonorent l'humanité, si vous ne voulez pas ressembler à celui qui, pour s'immortaliser, incendia le temple d'Éphèse.

Les peuples ont besoin de s'instruire; le temps approche où la vérité sera mieux connue. Dépouille-toi France, dépouille-toi, Europe; et vous tous peuples du monde entier, dépouillez-vous de ce fatras impur, de ces fausses grandeurs dont on cherche à vous éblouir pour vous accabler et vous pousser dans l'abîme ; cherchez à apprécier la saine justice, et vous verrez ce que sont vos ennemis et ce que vous êtes ; vous connaîtrez que la véritable grandeur réside dans celui seulement qui, s'oubliant lui-même, se sacrifie pour le bien de la société. Vous comprendrez aussi que celui qui, feignant de travailler pour sa patrie, abuse de la confiance du peuple pour le mettre à ses pieds, est l'homme le plus abominable et à qui on doit le plus grand mépris.

Tel est le portrait de Bonaparte, fait par Silvinius; on y voit combien sont exagérés les hommages et les flatteries dont on s'est trop souvent servi pour justifier ou glorifier son despotisme.

FIN.

www.ingramcontent.com/pod-product-compliance
Ingram Content Group UK Ltd.
Pitfield, Milton Keynes, MK11 3LW, UK
UKHW022108190726
13855UKWH00002B/727

9 782011 793027